Ivan Koesjnir

Economie van San Marino

Serie "Economie in landen"

eerst gepubliceerd: 2021
laatst bijgewerkt: 2021-02-02

Ivan Koesjnir. Economie van San Marino. Serie "Economie in landen". - 2021. - 68 pages.

Dit boek over de economie van San Marino van de jaren 1970 tot de jaren 2010. Brongegevens uit UN Data.

Grootte. In de jaren 2010 was het bruto binnenlands product van San Marino gelijk aan US$1,7 miljard per jaar; de waarde van de industrie was US$491,7 miljoen. Aangezien het aandeel in de wereld minder dan 0,01% bedraagt, wordt het land geclassificeerd als een zeer kleine economie.

Productiviteit. In de jaren 2010 bedroeg het bruto binnenlands product per hoofd van de bevolking $52.880,5, de waarde van de industrie per hoofd $14.963,9. Omdat de productiviteit hoger is dan het gemiddelde, wordt de economie geclassificeerd als hoog ontwikkeld.

Groei. In de jaren 2010 bedroeg de groei van het bruto binnenlands product -2,7%; de groei van de industrie was -0,35%.

Structuur. In de jaren 2010 omvatte de economie van San Marino: diensten (44,6%), industrie (30,4%), handel (15,4%), vervoer (4,8%), constructie (4,8%) en landbouw (0,037%).

Uitvoer en Invoer. In de jaren 2010 was de uitvoer 16,0% hoger dan de invoer, de netto-uitvoer was gelijk aan 24,3% van het BBP.

Consumptie en reproductie. De houding van reproductie ten opzichte van de consumptie is niet beter dan het mondiale gemiddelde, dus het aandeel van het BBP in de wereld zal niet toenemen.

Serie "Economie in landen": parallel.page.link/nl

ISBN: 9798702625522

Inhoud

Part I. Grootte

	de jaren 2010
BBP	US$1,7 miljard
Het aandeel in de wereld	0,0022%
Het aandeel in Europa	0,0083%
Het aandeel in Zuid-Europa	0,043%

Hoofdstuk I. Bruto binnenlands product

Het BBP van San Marino steeg van US$154,0 miljoen per jaar in de jaren 1970 tot US$1,7 miljard per jaar in de jaren 2010, dat wil zeggen met US$1,6 miljard of 11,3 keer. De verandering vond plaats op US$1,4 miljard als gevolg van een 4,8-voudige stijging van de prijzen, en ook op US$109,7 miljoen als gevolg van een 1,4-voudige toename van de productiviteit , evenals op US$99,6 miljoen als gevolg van de toename van de bevolking. De gemiddelde jaarlijkse groei van het bruto binnenlands product is 2,0%. De minimumwaarde van het BBP bedroeg US$80,2 miljoen in 1970. De maximumwaarde van het BBP bedroeg US$2,8 miljard in 2008.

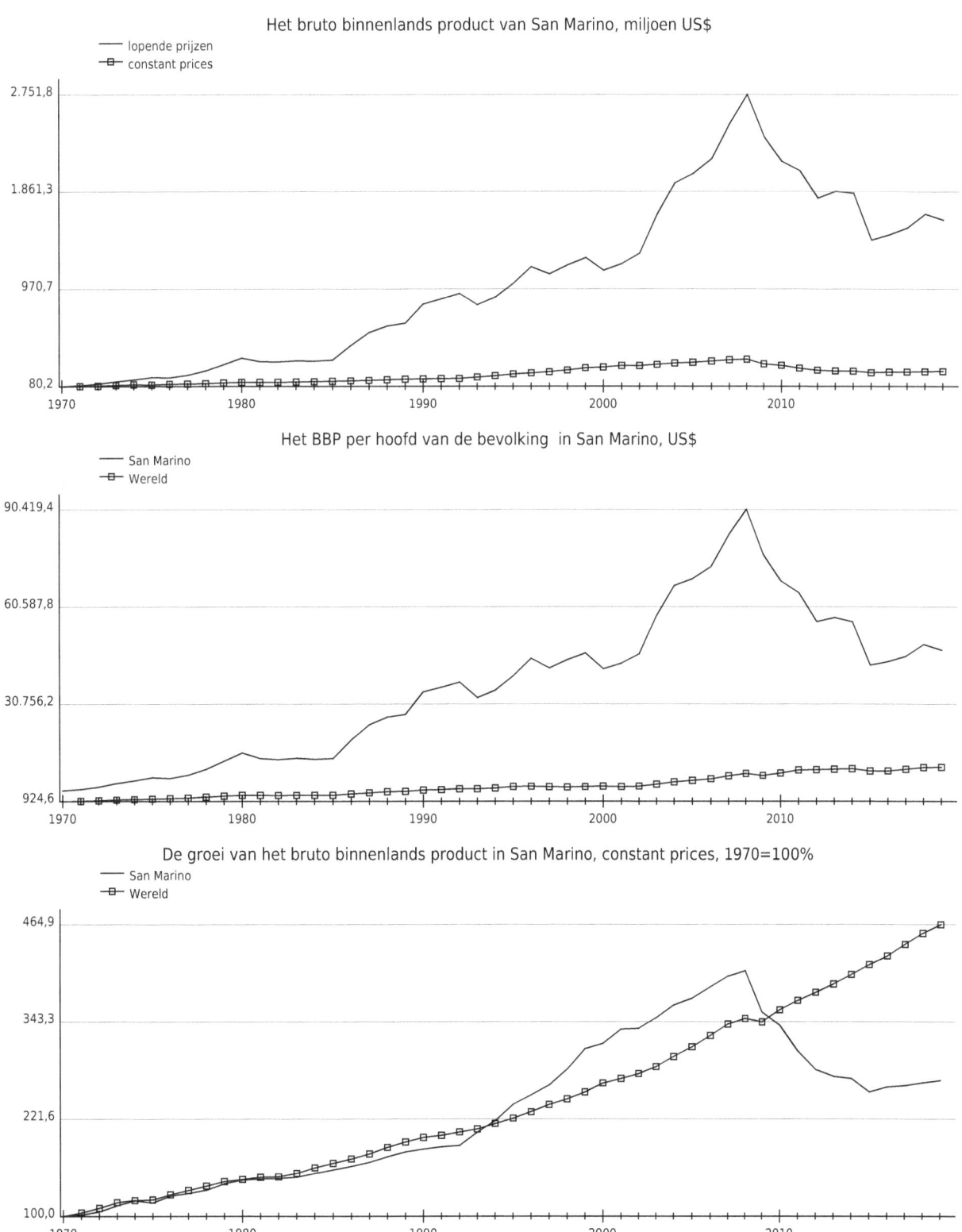

Het bruto binnenlands product van San Marino, miljoen US$

Het BBP per hoofd van de bevolking in San Marino, US$

De groei van het bruto binnenlands product in San Marino, constant prices, 1970=100%

de jaren 1970

Het bruto binnenlands product van San Marino bedroeg in de jaren 1970 US$154,0 miljoen per jaar, stond op de 155e plaats in de wereld, en was vergelijkbaar met Micronesië (US$152,8 miljoen). Het aandeel in de wereld was 0,0024%, en 0,0057% in Europa.

Het bruto binnenlands product van San Marino bestond uit: huishoudelijke uitgaven (59,0%), kapitaalvorming (25,1%) en overheidsuitgaven (16,0%).

Het BBP per hoofd in San Marino was $7.717,9 in de jaren 1970s, stond op de 15e plaats in de wereld, en was vergelijkbaar met Denemarken (US$7,7 duizend), Noord-Amerika (US$7,8 duizend), Noorwegen (US$7,6 duizend). Het BBP per hoofd in San Marino was in 4,8 keer hoger dan het bruto binnenlands product per hoofd van de bevolking in de wereld ($1.620,8), en was in 2,1 keer hoger dan het bruto binnenlands product per hoofd van de bevolking in Europa ($1.620,8).

De groei van het BBP in San Marino bedroeg 3.8% in de jaren 1970, stond op de 105e plaats in de wereld, en was vergelijkbaar met Anguilla (3,8%), Oostenrijk (3,8%), Italië (3,8%). De groei van het bruto binnenlands product in San Marino (3,8%) was minder dan de groei van het bruto binnenlands product in de wereld (4,1%), was groter dan de groei van het bruto binnenlands product in Europa (3,6%).

Vergelijking met buren. Het bruto binnenlands product van San Marino was minder dan in Italië (US$217,7 miljard). Het BBP per hoofd in San Marino was groter dan in Italië (US$4,0 duizend). De groei van het BBP in San Marino was minder dan in Italië (3,8%).

Vergelijking met leiders. Het bruto binnenlands product van San Marino was minder dan in de Verenigde Staten (US$1,7 biljoen), in de Sovjet-Unie (US$649,4 miljard), in Japan (US$558,0 miljard), in Duitsland (US$484,2 miljard) en in Frankrijk (US$333,2 miljard). Het bruto binnenlands product per hoofd in San Marino was groter dan in Frankrijk (US$6,2 duizend), in Duitsland (US$6,1 duizend), in Japan (US$5,0 duizend) en in de Sovjet-Unie (US$2,6 duizend); maar minder dan in de Verenigde Staten (US$7,8 duizend). De groei van het BBP in San Marino was groter dan in de Verenigde Staten (3,5%) en in Duitsland (3,1%); maar minder dan in de Sovjet-Unie (4,8%), in Japan (4,6%) en in Frankrijk (3,9%).

de jaren 1980

Het BBP van San Marino bedroeg in de jaren 1980 US$419,8 miljoen per jaar, stond op de 154e plaats in de wereld. Het aandeel in de wereld was 0,0028%, en 0,0077% in Europa.

Het bruto binnenlands product van San Marino bestond uit: huishoudelijke uitgaven (59,1%), kapitaalvorming (23,0%) en overheidsuitgaven (18,3%).

Het bruto binnenlands product per hoofd in San Marino was $18.523,1 in de jaren 1980s, stond op de 9e plaats in de wereld, en was vergelijkbaar met Noorwegen (US$18,2 duizend). Het bruto binnenlands product per hoofd in San Marino was in 5,9 keer hoger dan het bruto binnenlands product per hoofd van de bevolking in de wereld ($3.123,4), en was in 2,6 keer hoger dan het bruto binnenlands product per hoofd van de bevolking in Europa ($3.123,4).

De groei van het bruto binnenlands product in San Marino bedroeg 2.5% in de jaren 1980, stond op de 105e plaats in de wereld, en was vergelijkbaar met Italië (2,5%). De groei van het bruto binnenlands product in San Marino (2,5%) was minder dan de groei van het bruto binnenlands product in de wereld (3,0%), was groter dan de groei van het BBP in Europa (2,5%).

Vergelijking met buren. Het BBP van San Marino was minder dan in Italië (US$593,5 miljard). Het bruto binnenlands product per hoofd in San Marino was groter dan in Italië (US$10,4 duizend). De groei van het BBP in San Marino was groter dan in Italië (2,5%).

Vergelijking met leiders. Het bruto binnenlands product van San Marino was minder dan in de Verenigde Staten (US$4,2 biljoen), in Japan (US$1,8 biljoen), in Duitsland (US$990,0 miljard), in de Sovjet-Unie (US$887,0 miljard) en in Frankrijk (US$729,5 miljard). Het BBP per hoofd in San Marino was groter dan in de Verenigde Staten (US$17,4 duizend), in Japan (US$15,0 duizend), in Frankrijk (US$12,9 duizend), in Duitsland (US$12,7 duizend) en in de Sovjet-Unie (US$3,2 duizend). De groei van het BBP in San Marino was groter dan in Frankrijk (2,3%) en in Duitsland (1,9%); maar minder dan in de Sovjet-Unie (4,3%), in Japan (4,3%) en in de Verenigde Staten (3,1%).

de jaren 1990

Het BBP van San Marino bedroeg in de jaren 1990 US$1,0 miljard per jaar, stond op de 170e plaats in de wereld, en was vergelijkbaar met Burundi (US$999,0 miljoen). Het aandeel in de wereld was 0,0035%, en 0,010% in Europa.

Het BBP van San Marino bestond uit: huishoudelijke uitgaven (54,4%), kapitaalvorming (23,9%), overheidsuitgaven (15,1%) en netto-uitvoer (7,6%).

Het BBP per hoofd in San Marino was $39.337,3 in de jaren 1990s, stond op de 7e plaats in de wereld. Het BBP per hoofd in San Marino was in 7,8 keer hoger dan het bruto binnenlands product per hoofd van de bevolking in de wereld ($5.020,1), en was in 2,9 keer hoger dan het bruto binnenlands product per hoofd van de bevolking in Europa ($5.020,1).

De groei van het BBP in San Marino bedroeg 5.5% in de jaren 1990, stond op de 34e plaats in de wereld, en was vergelijkbaar met Soedan (5,6%). De groei van het bruto binnenlands product in San Marino (5,5%) was groter dan de groei van het BBP in de wereld (2,8%), was groter dan de groei van het BBP in Europa (1,4%).

Vergelijking met buren. Het BBP van San Marino was minder dan in Italië (US$1,2 biljoen). Het bruto binnenlands product per hoofd in San Marino was groter dan in Italië (US$21,3 duizend). De groei van het BBP in San Marino was groter dan in Italië (1,5%).

Vergelijking met leiders. Het bruto binnenlands product van San Marino was minder dan in de Verenigde Staten (US$7,6 biljoen), in Japan (US$4,3 biljoen), in Duitsland (US$2,2 biljoen), in Frankrijk (US$1,4 biljoen) en in het Verenigd Koninkrijk (US$1,3 biljoen). Het bruto binnenlands product per hoofd in San Marino was groter dan in Japan (US$34,3 duizend), in de Verenigde Staten (US$28,7 duizend), in Duitsland (US$27,0 duizend), in Frankrijk (US$24,1 duizend) en in het Verenigd Koninkrijk (US$22,9 duizend). De groei van het bruto binnenlands product in San Marino was groter dan in de Verenigde Staten (3,2%), in het Verenigd Koninkrijk (2,3%), in Duitsland (2,2%), in Frankrijk (2,0%) en in Japan (1,5%).

de jaren 2000

Het BBP van San Marino bedroeg in de jaren 2000 US$1,9 miljard per jaar, stond op de 170e plaats in de wereld, en was vergelijkbaar met Somalië (US$1,9 miljard). Het aandeel in de wereld was 0,0041%, en 0,012% in Europa.

Het BBP van San Marino bestond uit: kapitaalvorming (32,8%), huishoudelijke uitgaven (32,6%), overheidsuitgaven (12,9%) en netto-uitvoer (19,8%).

Het BBP per hoofd in San Marino was $65.336,4 in de jaren 2000s, stond op de 6e plaats in de wereld. Het bruto binnenlands product per hoofd in San Marino was in 9,1 keer hoger dan het bruto binnenlands product per hoofd van de bevolking in de wereld ($7.176,3), en was in 3,1 keer hoger dan het bruto binnenlands product per hoofd van de bevolking in Europa ($7.176,3).

De groei van het BBP in San Marino bedroeg 1.4% in de jaren 2000, stond op de 181e plaats in de wereld, en was vergelijkbaar met de Centraal-Afrikaanse Republiek (1,4%), Frans-Polynesië (1,4%), Brunei (1,4%). De groei van het BBP in San Marino (1,4%) was minder dan de groei van het bruto binnenlands product in de wereld (3,0%), was minder dan de groei van het bruto binnenlands product in Europa (1,8%).

Vergelijking met buren. Het bruto binnenlands product van San Marino was minder dan in Italië (US$1,8 biljoen). Het bruto binnenlands product per hoofd in San Marino was groter dan in Italië (US$30,3 duizend). De groei van het bruto binnenlands product in San Marino was groter dan in Italië (0,51%).

Vergelijking met leiders. Het BBP van San Marino was minder dan in de Verenigde Staten (US$12,6 biljoen), in Japan (US$4,7 biljoen), in Duitsland (US$2,8 biljoen), in China (US$2,6 biljoen) en in het Verenigd Koninkrijk (US$2,3 biljoen). Het BBP per hoofd in San Marino was groter dan in de Verenigde Staten (US$42,8 duizend), in het Verenigd Koninkrijk (US$38,4 duizend), in Japan (US$36,4 duizend), in Duitsland (US$34,0 duizend) en in China (US$1.954,1). De groei van het BBP in San Marino was groter dan in Duitsland (0,73%) en in Japan (0,50%); maar minder dan in China (10,3%), in de Verenigde Staten (1,9%) en in het Verenigd Koninkrijk (1,7%).

de jaren 2010

Het bruto binnenlands product van San Marino bedroeg in de jaren 2010 US$1,7 miljard per jaar, stond op de 182e plaats in de wereld. Het aandeel in de wereld was 0,0022%, en 0,0083% in Europa.

Het BBP van San Marino bestond uit: huishoudelijke uitgaven (37,4%), overheidsuitgaven (19,4%), kapitaalvorming (18,9%) en netto-uitvoer (24,3%).

Het BBP per hoofd in San Marino was $52.880,5 in de jaren 2010s, stond op de 17e plaats in de wereld. Het bruto binnenlands product per hoofd in San Marino was in 5,0 keer hoger dan het bruto binnenlands product per hoofd van de bevolking in de wereld ($10.603,1), en was 87,6% hoger dan het bruto binnenlands product per hoofd van de bevolking in Europa ($10.603,1).

De groei van het BBP in San Marino bedroeg -2.7% in de jaren 2010, stond op de 206e plaats in de wereld. De groei van het BBP in San Marino (-2,7%) was minder dan de groei van het BBP in de wereld (3,1%), was minder dan de groei van het BBP in Europa (1,6%).

Vergelijking met buren. Het bruto binnenlands product van San Marino was 1.184,5 keer minder dan in Italië (US$2,1 biljoen). Het BBP per hoofd in San Marino was 54,8% groter dan in Italië (US$34,2 duizend). De groei van het bruto binnenlands product in San Marino was minder dan in Italië (0,25%).

Vergelijking met leiders. Het BBP van San Marino was 10.337,0 keer minder dan in de Verenigde Staten (US$18,0 biljoen), 6.046,3 keer minder dan in China (US$10,5 biljoen), 3.008,9 keer minder dan in Japan (US$5,2 biljoen), 2.107,3 keer minder dan in Duitsland (US$3,7 biljoen) en 1.592,2 keer minder dan in het Verenigd Koninkrijk (US$2,8 biljoen). Het bruto binnenlands product per hoofd in San Marino was 18,2% groter dan in Duitsland (US$44,7 duizend), 25,4% groter dan in het Verenigd Koninkrijk (US$42,2 duizend), 29,4% groter dan in Japan (US$40,9 duizend) en 7,1 keer groter dan in China (US$7,5 duizend); maar 5,9% minder dan in de Verenigde Staten (US$56,2 duizend). De groei van het bruto binnenlands product in San Marino was minder dan in China (7,7%), in de Verenigde Staten (2,3%), in Duitsland (1,9%), in het Verenigd Koninkrijk (1,8%) en in Japan (1,3%).

Hoofdstuk II. Toegevoegde waarde

De toegevoegde waarde van San Marino steeg van US$158,1 miljoen per jaar in de jaren 1970 tot US$1,6 miljard per jaar in de jaren 2010, dat wil zeggen met US$1,5 miljard of 10,2 keer. De verandering vond plaats op US$1,3 miljard als gevolg van een 4,8-voudige stijging van de prijzen, en ook op US$74,2 miljoen als gevolg van een 1,3-voudige toename van de productiviteit , evenals op US$102,3 miljoen als gevolg van de toename van de bevolking. De gemiddelde jaarlijkse groei van de toegevoegde waarde is 1,8%. De minimumwaarde van de toegevoegde waarde bedroeg US$82,4 miljoen in 1970. De maximumwaarde van de toegevoegde waarde bedroeg US$2,5 miljard in 2008.

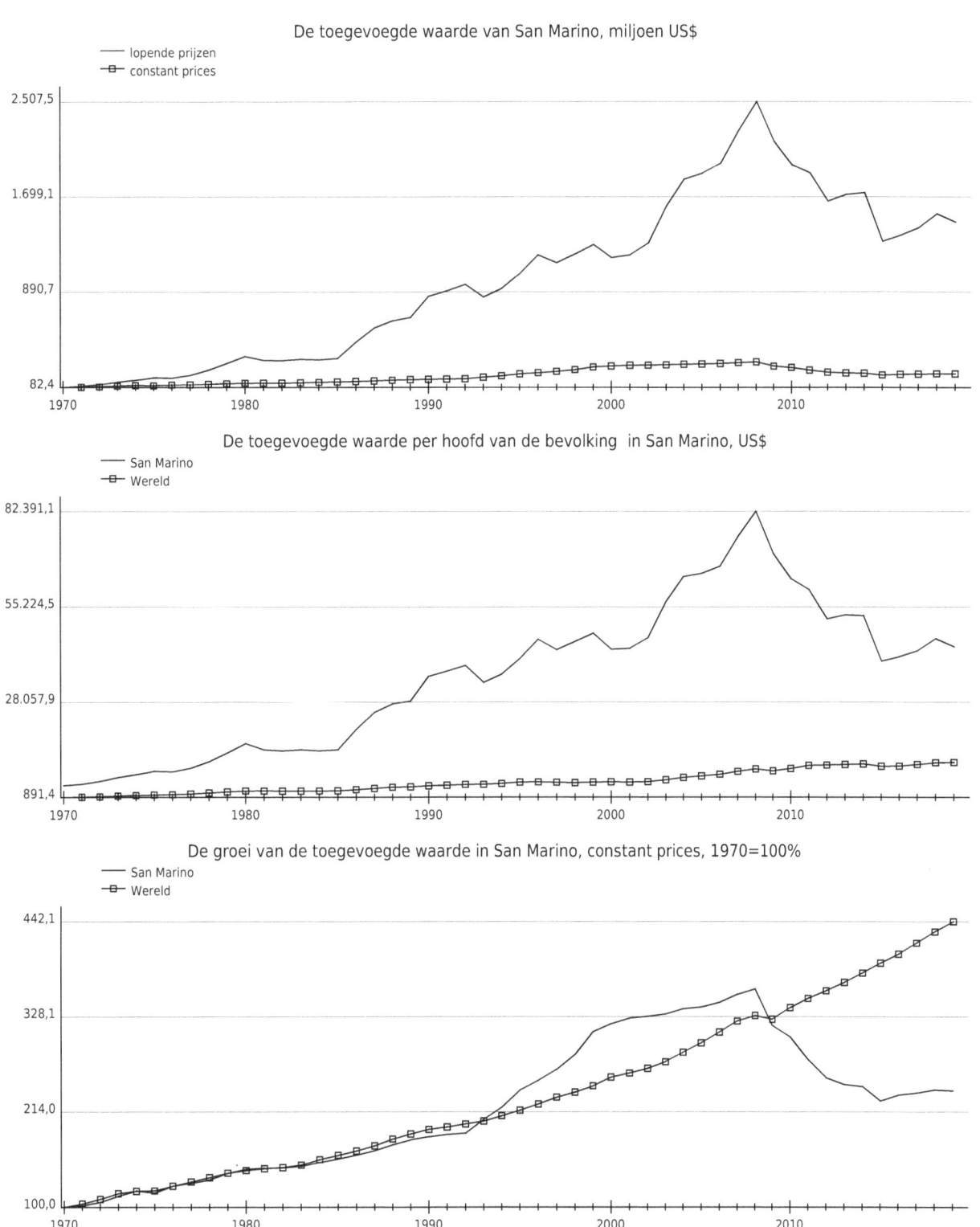

De toegevoegde waarde van San Marino, miljoen US$

De toegevoegde waarde per hoofd van de bevolking in San Marino, US$

De groei van de toegevoegde waarde in San Marino, constant prices, 1970=100%

de jaren 1970

De toegevoegde waarde van San Marino bedroeg in de jaren 1970 US$158,1 miljoen per jaar, stond op de 153e plaats in de wereld. Het aandeel in de wereld was 0,0025%, en 0,0062% in Europa.

De totale toegevoegde waarde van San Marino bestond uit: diensten (37,7%), industrie (35,9%), handel (18,6%), constructie (5,0%), vervoer (2,8%) en landbouw (0,086%).

De toegevoegde waarde per hoofd in San Marino was $7.924,3 in de jaren 1970s, stond op de 9e plaats in de wereld, en was vergelijkbaar met Zweden (US$7,9 duizend), de Verenigde Staten (US$7,8 duizend). De toegevoegde waarde per hoofd in San Marino was in 5,1 keer hoger dan de toegevoegde waarde per hoofd van de bevolking in de wereld ($1.564,4), en was in 2,3 keer hoger dan de toegevoegde waarde per hoofd van de bevolking in Europa ($1.564,4).

De groei van de toegevoegde waarde in San Marino bedroeg 3.8% in de jaren 1970, stond op de 107e plaats in de wereld, en was vergelijkbaar met Canada (3,8%), Dominica (3,8%), Anguilla (3,8%). De groei van de toegevoegde waarde in San Marino (3,8%) was minder dan de groei van de toegevoegde waarde in de wereld (3,9%), was groter dan de groei van de toegevoegde waarde in Europa (3,4%).

Vergelijking met buren. De toegevoegde waarde van San Marino was minder dan in Italië (US$204,0 miljard). De toegevoegde waarde per hoofd in San Marino was groter dan in Italië (US$3,7 duizend). De groei van de toegevoegde waarde in San Marino was groter dan in Italië (3,5%).

Vergelijking met leiders. De toegevoegde waarde van San Marino was minder dan in de Verenigde Staten (US$1,7 biljoen), in de Sovjet-Unie (US$649,4 miljard), in Japan (US$545,3 miljard), in Duitsland (US$444,9 miljard) en in Frankrijk (US$297,3 miljard). De toegevoegde waarde per hoofd in San Marino was groter dan in de Verenigde Staten (US$7,8 duizend), in Duitsland (US$5,7 duizend), in Frankrijk (US$5,5 duizend), in Japan (US$4,9 duizend) en in de Sovjet-Unie (US$2,6 duizend). De groei van de toegevoegde waarde in San Marino was groter dan in Frankrijk (3,7%), in Duitsland (3,1%) en in de Verenigde Staten (2,9%); maar minder dan in Japan (4,9%) en in de Sovjet-Unie (4,8%).

de jaren 1980

De toegevoegde waarde van San Marino bedroeg in de jaren 1980 US$431,0 miljoen per jaar, stond op de 154e plaats in de wereld. Het aandeel in de wereld was 0,0029%, en 0,0084% in Europa.

De totale toegevoegde waarde van San Marino bestond uit: diensten (37,7%), industrie (35,9%), handel (18,6%), constructie (5,0%), transport (2,8%) en landbouw (0,086%).

De toegevoegde waarde per hoofd in San Marino was $19.018,4 in de jaren 1980s, stond op de 8e plaats in de wereld, en was vergelijkbaar met Qatar (US$18,9 duizend). De toegevoegde waarde per hoofd in San Marino was in 6,3 keer hoger dan de toegevoegde waarde per hoofd van de bevolking in de wereld ($3.029,9), en was in 2,9 keer hoger dan de toegevoegde waarde per hoofd van de bevolking in Europa ($3.029,9).

De groei van de toegevoegde waarde in San Marino bedroeg 2.5% in de jaren 1980, stond op de 107e plaats in de wereld, en was vergelijkbaar met Algerije (2,5%), Senegal (2,5%), Europa (2,6%). De groei van de toegevoegde waarde in San Marino (2,5%) was minder dan de groei van de toegevoegde waarde in de wereld (2,9%), was minder dan de groei van de toegevoegde waarde in Europa (2,6%).

Vergelijking met buren. De toegevoegde waarde van San Marino was minder dan in Italië (US$554,1 miljard). De toegevoegde waarde per hoofd in San Marino was groter dan in Italië (US$9,8 duizend). De groei van de toegevoegde waarde in San Marino was minder dan in Italië (2,7%).

Vergelijking met leiders. De toegevoegde waarde van San Marino was minder dan in de Verenigde Staten (US$4,2 biljoen), in Japan (US$1,8 biljoen), in Duitsland (US$907,0 miljard), in de Sovjet-Unie (US$887,0 miljard) en in Frankrijk (US$650,9 miljard). De toegevoegde waarde per hoofd in San Marino was groter dan in de Verenigde Staten (US$17,4 duizend), in Japan (US$14,8 duizend), in Duitsland (US$11,6 duizend), in Frankrijk (US$11,5 duizend) en in de Sovjet-Unie (US$3,2 duizend). De groei van de toegevoegde waarde in San Marino was groter dan in Frankrijk (2,2%) en in Duitsland (2,0%); maar minder dan in de Sovjet-Unie (4,3%), in Japan (4,2%) en in de Verenigde Staten (2,8%).

de jaren 1990

De toegevoegde waarde van San Marino bedroeg in de jaren 1990 US$1,0 miljard per jaar, stond op de 169e plaats in de wereld, en was vergelijkbaar met Sierra Leone (US$1,0 miljard), Montenegro (US$1,1 miljard). Het aandeel in de wereld was 0,0038%, en 0,012% in Europa.

De totale toegevoegde waarde van San Marino bestond uit: diensten (37,7%), industrie (35,9%), handel (18,6%), bouw (5,0%), transport (2,8%) en landbouw (0,086%).

De toegevoegde waarde per hoofd in San Marino was $40.383,3 in de jaren 1990s, stond op de 5e plaats in de wereld, en was vergelijkbaar met Bermuda (US$40,4 duizend), Luxemburg (US$39,9 duizend). De toegevoegde waarde per hoofd in San Marino was in 8,4 keer hoger dan de toegevoegde waarde per hoofd van de bevolking in de wereld ($4.799,9), en was in 3,3 keer hoger dan de toegevoegde waarde per hoofd van de bevolking in Europa ($4.799,9).

De groei van de toegevoegde waarde in San Marino bedroeg 5.6% in de jaren 1990, stond op de 31e plaats in de wereld, en was vergelijkbaar met India (5,6%), Mauritius (5,6%), Bhutan (5,6%). De groei van de toegevoegde waarde in San Marino (5,6%) was groter dan de groei van de toegevoegde waarde in de wereld (2,7%), was groter dan de groei van de toegevoegde waarde in Europa (1,3%).

Vergelijking met buren. De toegevoegde waarde van San Marino was minder dan in Italië (US$1,1 biljoen). De toegevoegde waarde per hoofd in San Marino was groter dan in Italië (US$19,3 duizend). De groei van de toegevoegde waarde in San Marino was groter dan in Italië (1,3%).

Vergelijking met leiders. De toegevoegde waarde van San Marino was minder dan in de Verenigde Staten (US$7,6 biljoen), in Japan (US$4,3 biljoen), in Duitsland (US$2,0 biljoen), in Frankrijk (US$1,3 biljoen) en in het Verenigd Koninkrijk (US$1,2 biljoen). De toegevoegde waarde per hoofd in San Marino was groter dan in Japan (US$34,2 duizend), in de Verenigde Staten (US$28,6 duizend), in Duitsland (US$24,5 duizend), in Frankrijk (US$21,6 duizend) en in het Verenigd Koninkrijk (US$21,4 duizend). De groei van de toegevoegde waarde in San Marino was groter dan in de Verenigde Staten (2,8%), in het Verenigd Koninkrijk (2,4%), in Duitsland (2,1%), in Frankrijk (1,8%) en in Japan (1,8%).

de jaren 2000

De toegevoegde waarde van San Marino bedroeg in de jaren 2000 US$1,8 miljard per jaar, stond op de 169e plaats in de wereld, en was vergelijkbaar met Groenland (US$1,8 miljard). Het aandeel in de wereld was 0,0041%, en 0,013% in Europa.

De totale toegevoegde waarde van San Marino bestond uit: diensten (41,0%), industrie (32,2%), handel (17,8%), constructie (5,9%), vervoer (3,0%) en landbouw (0,069%).

De toegevoegde waarde per hoofd in San Marino was $61.723,8 in de jaren 2000s, stond op de 6e plaats in de wereld. De toegevoegde waarde per hoofd in San Marino was in 9,1 keer hoger dan de toegevoegde waarde per hoofd van de bevolking in de wereld ($6.818,0), en was in 3,3 keer hoger dan de toegevoegde waarde per hoofd van de bevolking in Europa ($6.818,0).

De groei van de toegevoegde waarde in San Marino bedroeg 0.2% in de jaren 2000, stond op de 200e plaats in de wereld. De groei van de toegevoegde waarde in San Marino (0,25%) was minder dan de groei van de toegevoegde waarde in de wereld (2,9%), was minder dan de groei van de toegevoegde waarde in Europa (1,7%).

Vergelijking met buren. De toegevoegde waarde van San Marino was minder dan in Italië (US$1,6 biljoen). De toegevoegde waarde per hoofd in San Marino was groter dan in Italië (US$27,3 duizend). De groei van de toegevoegde waarde in San Marino was minder dan in Italië (0,51%).

Vergelijking met leiders. De toegevoegde waarde van San Marino was minder dan in de Verenigde Staten (US$12,6 biljoen), in Japan (US$4,7 biljoen), in China (US$2,6 biljoen), in Duitsland (US$2,5 biljoen) en in het Verenigd Koninkrijk (US$2,1 biljoen). De toegevoegde waarde per hoofd in San Marino was groter dan in de Verenigde Staten (US$42,8 duizend), in Japan (US$36,4 duizend), in het Verenigd Koninkrijk (US$34,6 duizend), in Duitsland (US$30,7 duizend) en in China (US$1.954,1). De groei van de toegevoegde waarde in San Marino was minder dan in China (10,2%), in de Verenigde Staten (1,7%), in het Verenigd Koninkrijk (1,7%), in Duitsland (0,65%) en in Japan (0,27%).

de jaren 2010

De toegevoegde waarde van San Marino bedroeg in de jaren 2010 US$1,6 miljard per jaar, stond op de 180e plaats in de wereld. Het aandeel in de wereld was 0,0022%, en 0,0086% in Europa.

De totale toegevoegde waarde van San Marino bestond uit: diensten (44,6%), industrie (30,4%), handel (15,4%), vervoer (4,8%), constructie (4,8%) en landbouw (0,037%).

De toegevoegde waarde per hoofd in San Marino was $49.188,4 in de jaren 2010s, stond op de 17e plaats in de wereld, en was vergelijkbaar met Zweden (US$49,5 duizend). De toegevoegde waarde per hoofd in San Marino was in 4,9 keer hoger dan de toegevoegde waarde per hoofd van de bevolking in de wereld ($10.094,6), en was 94,8% hoger dan de toegevoegde waarde per hoofd van de bevolking in Europa ($10.094,6).

De groei van de toegevoegde waarde in San Marino bedroeg -2.8% in de jaren 2010, stond op de 205e plaats in de wereld. De groei van de toegevoegde waarde in San Marino (-2,8%) was minder dan de groei van de toegevoegde waarde in de wereld (3,1%), was minder dan de groei van de toegevoegde waarde in Europa (1,6%).

Vergelijking met buren. De toegevoegde waarde van San Marino was 1.143,8 keer minder dan in Italië (US$1,8 biljoen). De toegevoegde waarde per hoofd in San Marino was 60,3% groter dan in Italië (US$30,7 duizend). De groei van de toegevoegde waarde in San Marino was minder dan in Italië (0,30%).

Vergelijking met leiders. De toegevoegde waarde van San Marino was 11.113,0 keer minder dan in de Verenigde Staten (US$18,0 biljoen), 6.500,2 keer minder dan in China (US$10,5 biljoen), 3.218,2 keer minder dan in Japan (US$5,2 biljoen), 2.043,4 keer minder dan in Duitsland (US$3,3 biljoen) en 1.528,4 keer minder dan in het Verenigd Koninkrijk (US$2,5 biljoen). De toegevoegde waarde per hoofd in San Marino was 21,0% groter dan in Japan (US$40,7 duizend), 21,9% groter dan in Duitsland (US$40,3 duizend), 30,6% groter dan in het Verenigd Koninkrijk (US$37,7 duizend) en 6,6 keer groter dan in China (US$7,5 duizend); maar 12,5% minder dan in de Verenigde Staten (US$56,2 duizend). De groei van de toegevoegde waarde in San Marino was minder dan in China (7,7%), in de Verenigde Staten (2,2%), in Duitsland (1,9%), in het Verenigd Koninkrijk (1,8%) en in Japan (1,3%).

Hoofdstuk III. Bruto nationaal inkomen

Het BNI van San Marino steeg van US$141,2 miljoen per jaar in de jaren 1970 tot US$1,5 miljard per jaar in de jaren 2010, dat wil zeggen met US$1,3 miljard of 10,5 keer. De verandering vond plaats op US$1,2 miljard als gevolg van een 4,8-voudige stijging van de prijzen, en ook op US$76,3 miljoen als gevolg van een 1,3-voudige toename van de productiviteit , evenals op US$91,4 miljoen als gevolg van de toename van de bevolking. De gemiddelde jaarlijkse groei van het bruto nationaal inkomen is 1,9%. De minimumwaarde van het BNI bedroeg US$73,6 miljoen in 1970. De maximumwaarde van het BNI bedroeg US$2,4 miljard in 2008.

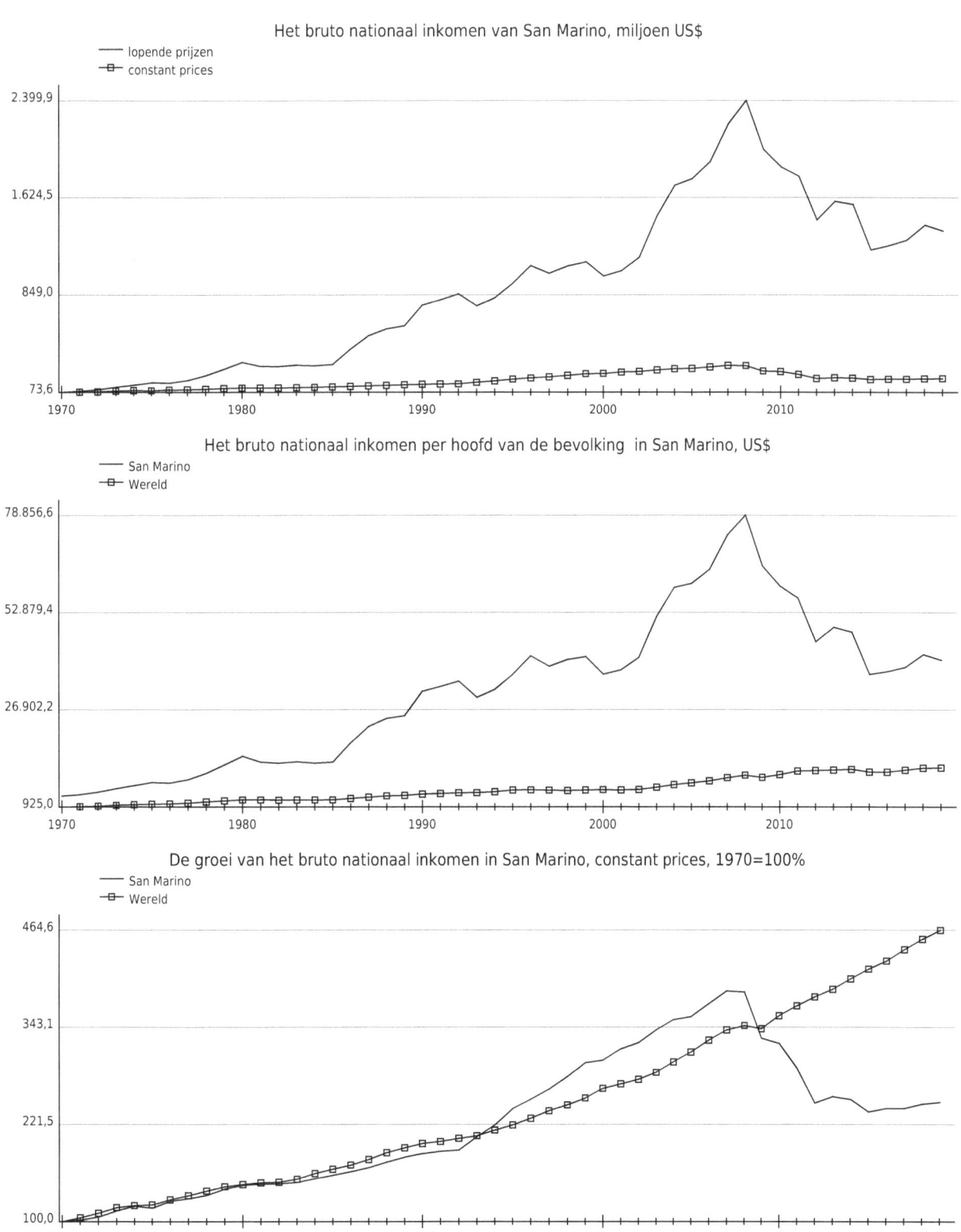

Het bruto nationaal inkomen van San Marino, miljoen US$

Het bruto nationaal inkomen per hoofd van de bevolking in San Marino, US$

De groei van het bruto nationaal inkomen in San Marino, constant prices, 1970=100%

de jaren 1970

Het BNI van San Marino bedroeg in de jaren 1970 US$141,2 miljoen per jaar, stond op de 155e plaats in de wereld. Het aandeel in de wereld was 0,0022%, en 0,0052% in Europa.

Het BNI per hoofd in San Marino was $7.079,2 in de jaren 1970s, stond op de 18e plaats in de wereld, en was vergelijkbaar met Canada (US$7,1 duizend), Australië (US$7,1 duizend), IJsland (US$7,0 duizend). Het bruto nationaal inkomen per hoofd in San Marino was in 4,4 keer hoger dan het bruto nationaal inkomen per hoofd van de bevolking in de wereld ($1.624,3), en was 89,8% hoger dan het bruto nationaal inkomen per hoofd van de bevolking in Europa ($1.624,3).

De groei van het BNI in San Marino bedroeg 3.8% in de jaren 1970, stond op de 107e plaats in de wereld, en was vergelijkbaar met Anguilla (3,8%), Italië (3,8%), Spanje (3,8%). De groei van het bruto nationaal inkomen in San Marino (3,8%) was minder dan de groei van het bruto nationaal inkomen in de wereld (4,1%), was groter dan de groei van het bruto nationaal inkomen in Europa (3,6%).

Vergelijking met buren. Het bruto nationaal inkomen van San Marino was minder dan in Italië (US$218,7 miljard). Het BNI per hoofd in San Marino was groter dan in Italië (US$4,0 duizend). De groei van het BNI in San Marino was groter dan in Italië (3,8%).

Vergelijking met leiders. Het bruto nationaal inkomen van San Marino was minder dan in de Verenigde Staten (US$1,7 biljoen), in de Sovjet-Unie (US$649,4 miljard), in Japan (US$558,5 miljard), in Duitsland (US$486,2 miljard) en in Frankrijk (US$334,3 miljard). Het BNI per hoofd in San Marino was groter dan in Frankrijk (US$6,2 duizend), in Duitsland (US$6,2 duizend), in Japan (US$5,0 duizend) en in de Sovjet-Unie (US$2,6 duizend); maar minder dan in de Verenigde Staten (US$7,8 duizend). De groei van het bruto nationaal inkomen in San Marino was groter dan in de Verenigde Staten (3,5%) en in Duitsland (3,0%); maar minder dan in de Sovjet-Unie (4,8%), in Japan (4,7%) en in Frankrijk (3,9%).

de jaren 1980

Het BNI van San Marino bedroeg in de jaren 1980 US$385,0 miljoen per jaar, stond op de 155e plaats in de wereld. Het aandeel in de wereld was 0,0026%, en 0,0071% in Europa.

Het bruto nationaal inkomen per hoofd in San Marino was $16.990,1 in de jaren 1980s, stond op de 13e plaats in de wereld, en was vergelijkbaar met Noord-Amerika (US$17,1 duizend), Luxemburg (US$17,1 duizend), Zweden (US$17,2 duizend). Het bruto nationaal inkomen per hoofd in San Marino was in 5,5 keer hoger dan het bruto nationaal inkomen per hoofd van de bevolking in de wereld ($3.117,1), en was in 2,4 keer hoger dan het bruto nationaal inkomen per hoofd van de bevolking in Europa ($3.117,1).

De groei van het BNI in San Marino bedroeg 2.5% in de jaren 1980, stond op de 101e plaats in de wereld, en was vergelijkbaar met Equatoriaal-Guinea (2,5%), de Caraïben (2,5%). De groei van het BNI in San Marino (2,5%) was minder dan de groei van het BNI in de wereld (3,0%), was groter dan de groei van het BNI in Europa (2,4%).

Vergelijking met buren. Het BNI van San Marino was minder dan in Italië (US$592,1 miljard). Het bruto nationaal inkomen per hoofd in San Marino was groter dan in Italië (US$10,4 duizend). De groei van het BNI in San Marino was groter dan in Italië (2,4%).

Vergelijking met leiders. Het BNI van San Marino was minder dan in de Verenigde Staten (US$4,2 biljoen), in Japan (US$1,8 biljoen), in Duitsland (US$996,5 miljard), in de Sovjet-Unie (US$887,0 miljard) en in Frankrijk (US$732,1 miljard). Het BNI per hoofd in San Marino was groter dan in Japan (US$15,0 duizend), in Frankrijk (US$13,0 duizend), in Duitsland (US$12,8 duizend) en in de Sovjet-Unie (US$3,2 duizend); maar minder dan in de Verenigde Staten (US$17,4 duizend). De groei van het BNI in San Marino was groter dan in Frankrijk (2,3%) en in Duitsland (2,0%); maar minder dan in Japan (4,4%), in de Sovjet-Unie (4,3%) en in de Verenigde Staten (3,1%).

de jaren 1990

Het bruto nationaal inkomen van San Marino bedroeg in de jaren 1990 US$925,4 miljoen per jaar, stond op de 172e plaats in de wereld, en was vergelijkbaar met Suriname (US$904,7 miljoen). Het aandeel in de wereld was 0,0033%, en 0,0095% in Europa.

Het bruto nationaal inkomen per hoofd in San Marino was $36.017,1 in de jaren 1990s, stond op de 7e plaats in de wereld. Het bruto nationaal inkomen per hoofd in San Marino was in 7,2 keer hoger dan het bruto nationaal inkomen per hoofd van de bevolking in de wereld ($4.991,4), en was in 2,7 keer hoger dan het bruto nationaal inkomen per hoofd van de bevolking in Europa ($4.991,4).

De groei van het bruto nationaal inkomen in San Marino bedroeg 5.2% in de jaren 1990, stond op de 41e plaats in de wereld, en was vergelijkbaar met de Seychellen (5,1%), Costa Rica (5,1%), Egypte (5,2%). De groei van het BNI in San Marino (5,2%) was groter dan de groei van het bruto nationaal inkomen in de wereld (2,8%), was groter dan de groei van het bruto nationaal inkomen in Europa

(1,3%).

Vergelijking met buren. Het bruto nationaal inkomen van San Marino was minder dan in Italië (US$1,2 biljoen). Het BNI per hoofd in San Marino was groter dan in Italië (US$21,1 duizend). De groei van het bruto nationaal inkomen in San Marino was groter dan in Italië (1,5%).

Vergelijking met leiders. Het BNI van San Marino was minder dan in de Verenigde Staten (US$7,5 biljoen), in Japan (US$4,4 biljoen), in Duitsland (US$2,2 biljoen), in Frankrijk (US$1,4 biljoen) en in het Verenigd Koninkrijk (US$1,3 biljoen). Het bruto nationaal inkomen per hoofd in San Marino was groter dan in Japan (US$34,7 duizend), in de Verenigde Staten (US$28,5 duizend), in Duitsland (US$27,0 duizend), in Frankrijk (US$24,3 duizend) en in het Verenigd Koninkrijk (US$23,0 duizend). De groei van het BNI in San Marino was groter dan in de Verenigde Staten (3,4%), in Frankrijk (2,2%), in het Verenigd Koninkrijk (2,0%), in Duitsland (2,0%) en in Japan (1,5%).

de jaren 2000

Het BNI van San Marino bedroeg in de jaren 2000 US$1,7 miljard per jaar, stond op de 173e plaats in de wereld, en was vergelijkbaar met Sierra Leone (US$1,7 miljard). Het aandeel in de wereld was 0,0036%, en 0,011% in Europa.

Het BNI per hoofd in San Marino was $57.369,6 in de jaren 2000s, stond op de 8e plaats in de wereld, en was vergelijkbaar met Zwitserland (US$57,6 duizend). Het bruto nationaal inkomen per hoofd in San Marino was in 8,0 keer hoger dan het bruto nationaal inkomen per hoofd van de bevolking in de wereld ($7.165,2), en was in 2,7 keer hoger dan het bruto nationaal inkomen per hoofd van de bevolking in Europa ($7.165,2).

De groei van het bruto nationaal inkomen in San Marino bedroeg 1% in de jaren 2000, stond op de 187e plaats in de wereld. De groei van het BNI in San Marino (0,98%) was minder dan de groei van het bruto nationaal inkomen in de wereld (3,0%), was minder dan de groei van het BNI in Europa (1,8%).

Vergelijking met buren. Het BNI van San Marino was minder dan in Italië (US$1,8 biljoen). Het BNI per hoofd in San Marino was groter dan in Italië (US$30,2 duizend). De groei van het bruto nationaal inkomen in San Marino was groter dan in Italië (0,53%).

Vergelijking met leiders. Het BNI van San Marino was minder dan in de Verenigde Staten (US$12,7 biljoen), in Japan (US$4,8 biljoen), in Duitsland (US$2,8 biljoen), in China (US$2,6 biljoen) en in het Verenigd Koninkrijk (US$2,3 biljoen). Het BNI per hoofd in San Marino was groter dan in de Verenigde Staten (US$43,2 duizend), in het Verenigd Koninkrijk (US$38,5 duizend), in Japan (US$37,1 duizend), in Duitsland (US$34,2 duizend) en in China (US$1.950,5). De groei van het bruto nationaal inkomen in San Marino was groter dan in Japan (0,62%); maar minder dan in China (10,4%), in de Verenigde Staten (1,8%), in het Verenigd Koninkrijk (1,7%) en in Duitsland (1,0%).

de jaren 2010

Het BNI van San Marino bedroeg in de jaren 2010 US$1,5 miljard per jaar, stond op de 184e plaats in de wereld, en was vergelijkbaar met Somalië (US$1,5 miljard), Gambia (US$1,5 miljard). Het aandeel in de wereld was 0,0019%, en 0,0071% in Europa.

Het bruto nationaal inkomen per hoofd in San Marino was $44.985,3 in de jaren 2010s, stond op de 24e plaats in de wereld, en was vergelijkbaar met Noord-Europa (US$45,6 duizend), België (US$45,7 duizend), Duitsland (US$45,8 duizend). Het BNI per hoofd in San Marino was in 4,2 keer hoger dan het bruto nationaal inkomen per hoofd van de bevolking in de wereld ($10.611,7), en was 59,9% hoger dan het bruto nationaal inkomen per hoofd van de bevolking in Europa ($10.611,7).

De groei van het bruto nationaal inkomen in San Marino bedroeg -2.7% in de jaren 2010, stond op de 205e plaats in de wereld. De groei van het bruto nationaal inkomen in San Marino (-2,7%) was minder dan de groei van het BNI in de wereld (3,1%), was minder dan de groei van het BNI in Europa (1,6%).

Vergelijking met buren. Het BNI van San Marino was 1.394,2 keer minder dan in Italië (US$2,1 biljoen). Het BNI per hoofd in San Marino was 31,5% groter dan in Italië (US$34,2 duizend). De groei van het bruto nationaal inkomen in San Marino was minder dan in Italië (0,34%).

Vergelijking met leiders. Het bruto nationaal inkomen van San Marino was 12.384,6 keer minder dan in de Verenigde Staten (US$18,3 biljoen), 7.081,4 keer minder dan in China (US$10,5 biljoen), 3.652,6 keer minder dan in Japan (US$5,4 biljoen), 2.536,3 keer minder dan in Duitsland (US$3,7 biljoen) en 1.857,8 keer minder dan in Frankrijk (US$2,7 biljoen). Het bruto nationaal inkomen per hoofd in San Marino was 6,6% groter dan in Japan (US$42,2 duizend), 8,6% groter dan in Frankrijk (US$41,4 duizend) en 6,0 keer groter dan in

China (US$7,5 duizend); maar 21,5% minder dan in de Verenigde Staten (US$57,3 duizend) en 1,8% minder dan in Duitsland (US$45,8 duizend). De groei van het BNI in San Marino was minder dan in China (7,7%), in de Verenigde Staten (2,5%), in Duitsland (2,0%), in Japan (1,4%) en in Frankrijk (1,4%).

Part II. Structuur

Hoofdstuk IV. Landbouw

Landbouw, jacht, bosbouw, vissen (ISIC A-B)

De waarde van de landbouw in San Marino steeg van US$135,4 duizend per jaar in de jaren 1970 tot US$594,6 duizend per jaar in de jaren 2010, dat wil zeggen met US$459,1 duizend of 4,4 keer. De verandering vond plaats op US$473,0 duizend als gevolg van een 4,9-voudige stijging van de prijzen, en ook op -US$101,5 duizend als gevolg van een 1,8-voudige afname van de productiviteit , evenals op US$87,6 duizend als gevolg van de toename van de bevolking. De gemiddelde jaarlijkse groei van de landbouw is -1,4%. De minimumwaarde van de landbouw bedroeg US$70,5 duizend in 1970. De maximumwaarde van de landbouw bedroeg US$1,4 miljoen in 2009.

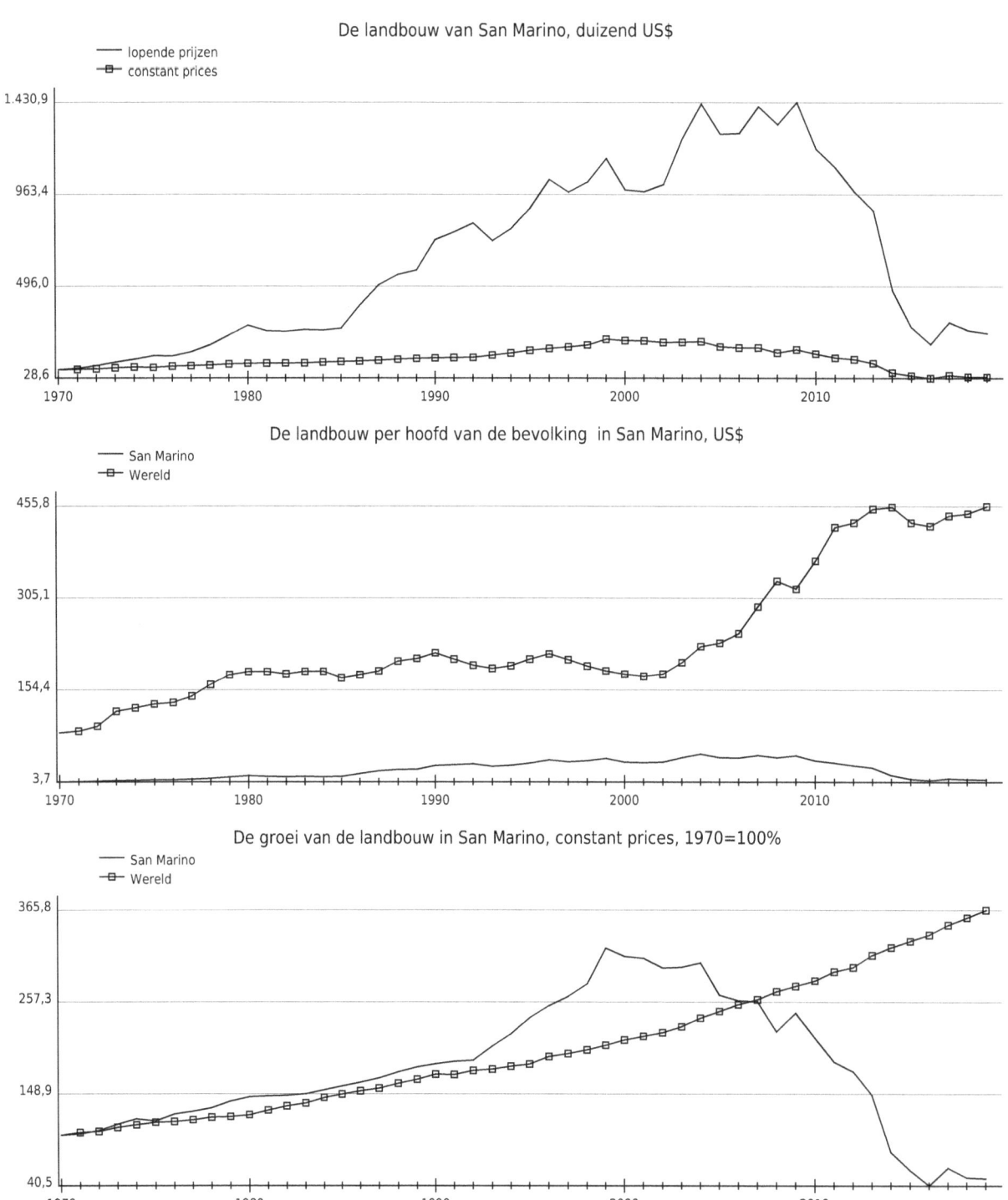

De landbouw van San Marino, duizend US$

De landbouw per hoofd van de bevolking in San Marino, US$

De groei van de landbouw in San Marino, constant prices, 1970=100%

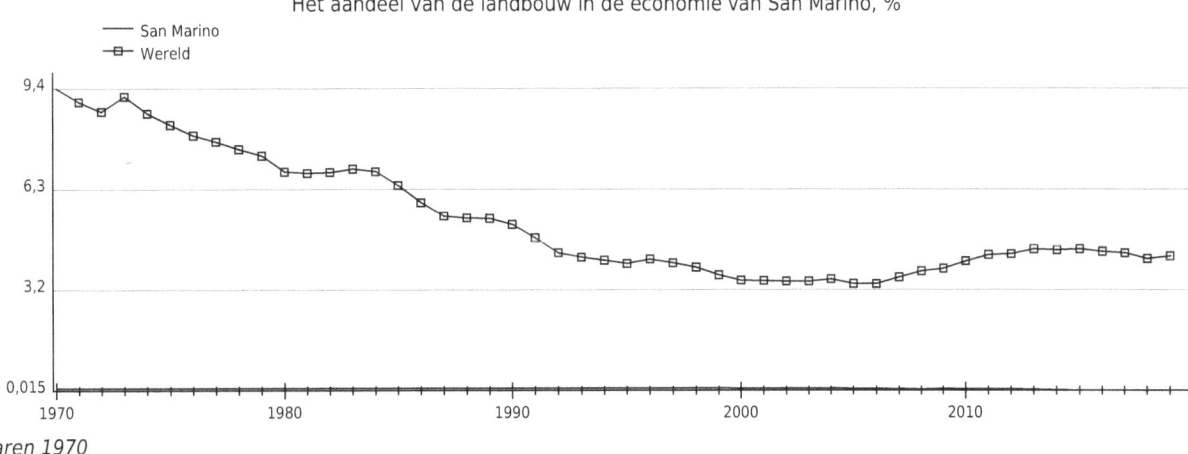

Het aandeel van de landbouw in de economie van San Marino, %

de jaren 1970

De waarde van de landbouw in San Marino bedroeg in de jaren 1970 US$135,4 duizend per jaar, stond op de 182e plaats in de wereld. Het aandeel in de wereld was 0,0000%, en 0,0001% in Europa.

Het aandeel van de landbouw in de economie van San Marino was 0,086% in de jaren 1970, stond op de 182e plaats in de wereld.

De waarde van de landbouw per hoofd in San Marino was $6,8 in de jaren 1970s, stond op de 182e plaats in de wereld. De landbouw per hoofd in San Marino was in 18,8 keer lager dan de landbouw per hoofd van de bevolking in de wereld ($127,6), en was in 39,5 keer lager dan de landbouw per hoofd van de bevolking in Europa ($127,6).

De groei van de landbouw in San Marino bedroeg 3.8% in de jaren 1970, stond op de 65e plaats in de wereld, en was vergelijkbaar met Mozambique (3,9%), Bhutan (3,9%). De groei van de landbouw in San Marino (3,8%) was groter dan de groei van de landbouw in de wereld (2,2%), was groter dan de groei van de landbouw in Europa (3,3%).

Vergelijking met buren. De sector van de landbouw in San Marino was minder dan in Italië (US$14,6 miljard). De toegevoegde waarde van de landbouw per hoofd in San Marino was minder dan in Italië (US$265,7). De groei van de landbouw in San Marino was groter dan in Italië (0,13%).

Vergelijking met leiders. De sector van de landbouw in San Marino was minder dan in de Sovjet-Unie (US$88,7 miljard), in China (US$49,5 miljard), in de Verenigde Staten (US$42,6 miljard), in India (US$36,0 miljard) en in Japan (US$25,8 miljard). De landbouw per hoofd in San Marino was minder dan in de Sovjet-Unie (US$351,8), in Japan (US$231,3), in de Verenigde Staten (US$195,0), in India (US$58,3) en in China (US$54,2). De groei van de landbouw in San Marino was groter dan in China (2,4%), in Japan (0,52%), in de Verenigde Staten (0,34%) en in India (0,30%); maar minder dan in de Sovjet-Unie (7,0%).

de jaren 1980

De waarde van de landbouw in San Marino bedroeg in de jaren 1980 US$369,1 duizend per jaar, stond op de 181e plaats in de wereld. Het aandeel in de wereld was 0,0000%, en 0,0001% in Europa.

Het aandeel van de landbouw in de economie van San Marino was 0,086% in de jaren 1980, stond op de 182e plaats in de wereld.

De waarde van de landbouw per hoofd in San Marino was $16,3 in de jaren 1980s, stond op de 182e plaats in de wereld. De waarde van de landbouw per hoofd in San Marino was in 11,5 keer lager dan de landbouw per hoofd van de bevolking in de wereld ($186,6), en was in 23,7 keer lager dan de landbouw per hoofd van de bevolking in Europa ($186,6).

De groei van de landbouw in San Marino bedroeg 2.5% in de jaren 1980, stond op de 91e plaats in de wereld, en was vergelijkbaar met Albanië (2,5%), Congo-Kinshasa (2,6%), Oost-Afrika (2,6%). De groei van de landbouw in San Marino (2,5%) was minder dan de groei van de landbouw in de wereld (3,1%), was groter dan de groei van de landbouw in Europa (2,1%).

Vergelijking met buren. De landbouw van San Marino was minder dan in Italië (US$25,8 miljard). De sector van de landbouw per hoofd in San Marino was minder dan in Italië (US$453,3). De groei van de landbouw in San Marino was groter dan in Italië (1,9%).

Vergelijking met leiders. De waarde van de landbouw in San Marino was minder dan in de Sovjet-Unie (US$125,8 miljard), in China (US$94,9 miljard), in India (US$70,4 miljard), in de Verenigde Staten (US$68,7 miljard) en in Japan (US$49,7 miljard). De landbouw per hoofd in San Marino was minder dan in de Sovjet-Unie (US$457,2), in Japan (US$410,0), in de Verenigde Staten (US$286,8), in

India (US$90,7) en in China (US$88,5). De groei van de landbouw in San Marino was groter dan in Japan (0,41%); maar minder dan in China (5,3%), in India (4,4%), in de Verenigde Staten (3,7%) en in de Sovjet-Unie (2,8%).

de jaren 1990

De toegevoegde waarde van de landbouw in San Marino bedroeg in de jaren 1990 US$891,2 duizend per jaar, stond op de 205e plaats in de wereld. Het aandeel in de wereld was 0,0001%, en 0,0003% in Europa.

Het aandeel van de landbouw in de economie van San Marino was 0,086% in de jaren 1990, stond op de 205e plaats in de wereld.

De waarde van de landbouw per hoofd in San Marino was $34,7 in de jaren 1990s, stond op de 203e plaats in de wereld, en was vergelijkbaar met Lesotho (US$35,2). De waarde van de landbouw per hoofd in San Marino was in 5,8 keer lager dan de landbouw per hoofd van de bevolking in de wereld ($199,8), en was in 11,0 keer lager dan de landbouw per hoofd van de bevolking in Europa ($199,8).

De groei van de landbouw in San Marino bedroeg 5.9% in de jaren 1990, stond op de 18e plaats in de wereld, en was vergelijkbaar met Vanuatu (5,9%). De groei van de landbouw in San Marino (5,9%) was groter dan de groei van de landbouw in de wereld (2,2%), was groter dan de groei van de landbouw in Europa (-1,6%).

Vergelijking met buren. De toegevoegde waarde van de landbouw in San Marino was minder dan in Italië (US$36,3 miljard). De landbouw per hoofd in San Marino was minder dan in Italië (US$636,4). De groei van de landbouw in San Marino was groter dan in Italië (2,4%).

Vergelijking met leiders. De landbouw van San Marino was minder dan in China (US$139,0 miljard), in de Verenigde Staten (US$96,1 miljard), in India (US$91,4 miljard), in Japan (US$78,9 miljard) en in Brazilië (US$36,8 miljard). De waarde van de landbouw per hoofd in San Marino was minder dan in Japan (US$625,5), in de Verenigde Staten (US$363,4), in Brazilië (US$228,7), in China (US$112,7) en in India (US$95,6). De groei van de landbouw in San Marino was groter dan in China (4,3%), in Brazilië (3,0%), in India (2,8%), in de Verenigde Staten (2,6%) en in Japan (-1,8%).

de jaren 2000

De toegevoegde waarde van de landbouw in San Marino bedroeg in de jaren 2000 US$1,2 miljoen per jaar, stond op de 206e plaats in de wereld. Het aandeel in de wereld was 0,0001%, en 0,0004% in Europa.

Het aandeel van de landbouw in de economie van San Marino was 0,069% in de jaren 2000, stond op de 206e plaats in de wereld.

De toegevoegde waarde van de landbouw per hoofd in San Marino was $42,4 in de jaren 2000s, stond op de 203e plaats in de wereld. De sector van de landbouw per hoofd in San Marino was in 5,7 keer lager dan de landbouw per hoofd van de bevolking in de wereld ($240,3), en was in 9,1 keer lager dan de landbouw per hoofd van de bevolking in Europa ($240,3).

De groei van de landbouw in San Marino bedroeg -2.7% in de jaren 2000, stond op de 194e plaats in de wereld. De groei van de landbouw in San Marino (-2,7%) was minder dan de groei van de landbouw in de wereld (3,0%), was minder dan de groei van de landbouw in Europa (1,2%).

Vergelijking met buren. De waarde van de landbouw in San Marino was minder dan in Italië (US$37,0 miljard). De landbouw per hoofd in San Marino was minder dan in Italië (US$638,1). De groei van de landbouw in San Marino was minder dan in Italië (-0,59%).

Vergelijking met leiders. De sector van de landbouw in San Marino was minder dan in China (US$297,7 miljard), in India (US$147,6 miljard), in de Verenigde Staten (US$122,5 miljard), in Japan (US$57,1 miljard) en in Nigeria (US$47,6 miljard). De sector van de landbouw per hoofd in San Marino was minder dan in Japan (US$445,6), in de Verenigde Staten (US$416,9), in Nigeria (US$346,4), in China (US$224,5) en in India (US$129,7). De groei van de landbouw in San Marino was minder dan in Nigeria (10,1%), in China (4,0%), in de Verenigde Staten (3,6%), in India (2,0%) en in Japan (-1,3%).

de jaren 2010

De landbouw van San Marino bedroeg in de jaren 2010 US$594,6 duizend per jaar, stond op de 208e plaats in de wereld. Het aandeel in de wereld was 0,0000%, en 0,0002% in Europa.

Het aandeel van de landbouw in de economie van San Marino was 0,037% in de jaren 2010, stond op de 207e plaats in de wereld.

De landbouw per hoofd in San Marino was $18,1 in de jaren 2010s, stond op de 208e plaats in de wereld, en was vergelijkbaar met Singapore (US$18,4). De landbouw per hoofd in San Marino was in 23,9 keer lager dan de landbouw per hoofd van de bevolking in de wereld ($432,1), en was in 27,2 keer lager dan de landbouw per hoofd van de bevolking in Europa ($432,1).

De groei van de landbouw in San Marino bedroeg -14.9% in de jaren 2010, stond op de 208e plaats in de wereld. De groei van de landbouw in San Marino (-14,9%) was minder dan de groei van de landbouw in de wereld (2,9%), was minder dan de groei van de landbouw in Europa (0,73%).

Vergelijking met buren. De sector van de landbouw in San Marino was 67.788,4 keer minder dan in Italië (US$40,3 miljard). De toegevoegde waarde van de landbouw per hoofd in San Marino was 37,0 keer minder dan in Italië (US$669,0). De groei van de landbouw in San Marino was minder dan in Italië (0,056%).

Vergelijking met leiders. De sector van de landbouw in San Marino was 1.490.538,2 keer minder dan in China (US$886,2 miljard), 611.220,7 keer minder dan in India (US$363,4 miljard), 303.228,0 keer minder dan in de Verenigde Staten (US$180,3 miljard), 208.639,1 keer minder dan in Indonesië (US$124,1 miljard) en 161.070,2 keer minder dan in Nigeria (US$95,8 miljard). De landbouw per hoofd in San Marino was 34,9 keer minder dan in China (US$631,9), 31,2 keer minder dan in de Verenigde Staten (US$564,3), 29,5 keer minder dan in Nigeria (US$534,6), 26,7 keer minder dan in Indonesië (US$483,6) en 15,4 keer minder dan in India (US$279,1). De groei van de landbouw in San Marino was minder dan in India (4,1%), in Indonesië (3,9%), in China (3,8%), in Nigeria (3,6%) en in de Verenigde Staten (2,0%).

Hoofdstuk V. Industrie

Mijnbouw, productie, nutsbedrijven (ISIC C-E)

De toegevoegde waarde van de industrie in San Marino steeg van US$56,7 miljoen per jaar in de jaren 1970 tot US$491,7 miljoen per jaar in de jaren 2010, dat wil zeggen met US$435,0 miljoen of 8,7 keer. De verandering vond plaats op US$388,3 miljoen als gevolg van een 4,8-voudige stijging van de prijzen, en ook op US$10,0 miljoen als gevolg van een 1,1-voudige toename van de productiviteit , evenals op US$36,7 miljoen als gevolg van de toename van de bevolking. De gemiddelde jaarlijkse groei van de industrie is 1,7%. De minimumwaarde van de industrie bedroeg US$29,5 miljoen in 1970. De maximumwaarde van de industrie bedroeg US$786,1 miljoen in 2008.

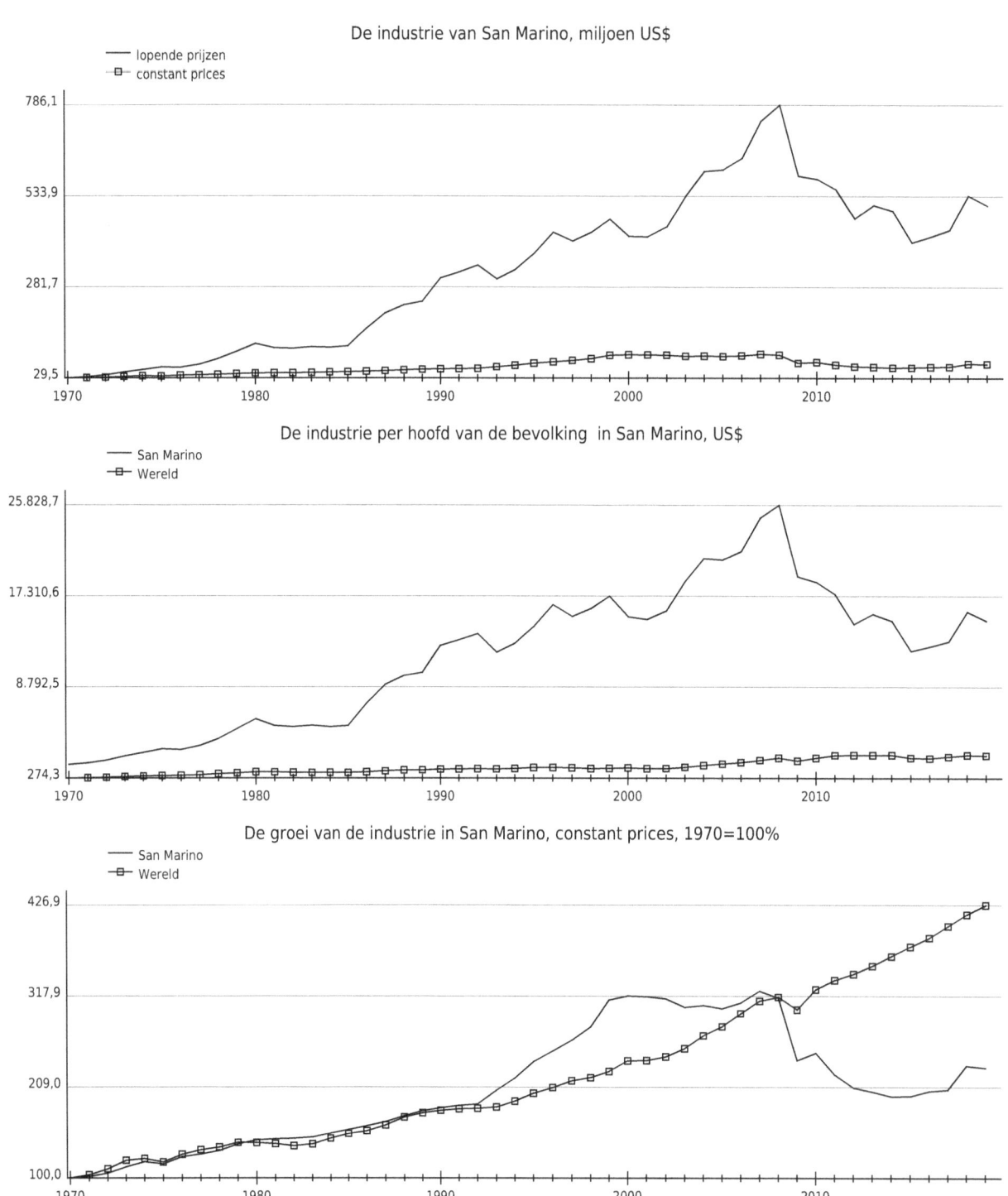

De industrie van San Marino, miljoen US$

De industrie per hoofd van de bevolking in San Marino, US$

De groei van de industrie in San Marino, constant prices, 1970=100%

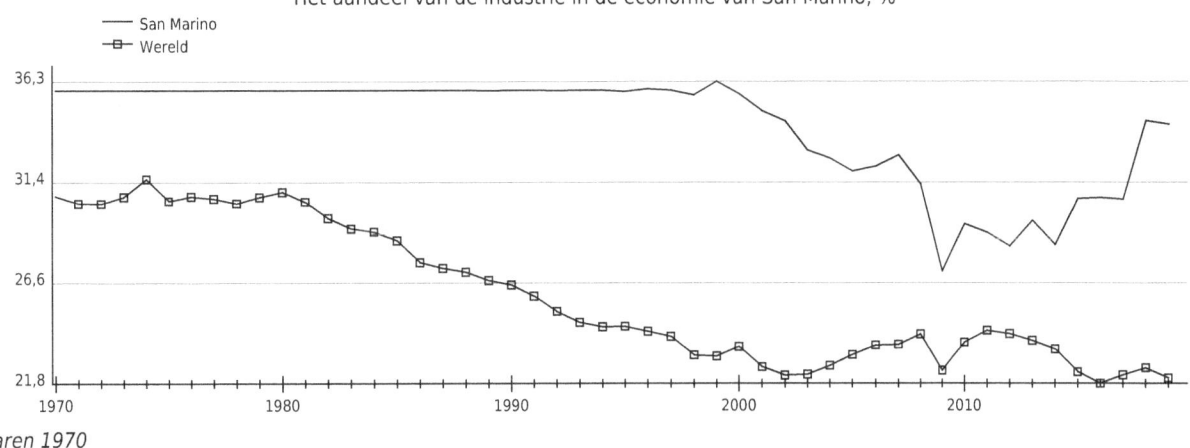

Het aandeel van de industrie in de economie van San Marino, %

de jaren 1970

De waarde van de industrie in San Marino bedroeg in de jaren 1970 US$56,7 miljoen per jaar, stond op de 140e plaats in de wereld. Het aandeel in de wereld was 0,0029%, en 0,0069% in Europa.

Het aandeel van de industrie in de economie van San Marino was 35,9% in de jaren 1970, stond op de 27e plaats in de wereld, en was vergelijkbaar met Guyana (35,8%), Zuid-Afrika (35,8%), Bahrein (35,7%).

De industrie per hoofd in San Marino was $2.841,7 in de jaren 1970s, stond op de 8e plaats in de wereld. De sector van de industrie per hoofd in San Marino was in 5,9 keer hoger dan de industrie per hoofd van de bevolking in de wereld ($480,5), en was in 2,5 keer hoger dan de industrie per hoofd van de bevolking in Europa ($480,5).

De groei van de industrie in San Marino bedroeg 3.8% in de jaren 1970, stond op de 113e plaats in de wereld, en was vergelijkbaar met Oostenrijk (3,8%), Mozambique (3,8%), Monaco (3,9%). De groei van de industrie in San Marino (3,8%) was minder dan de groei van de industrie in de wereld (4,0%), was groter dan de groei van de industrie in Europa (3,6%).

Vergelijking met buren. De industrie van San Marino was minder dan in Italië (US$60,1 miljard). De waarde van de industrie per hoofd in San Marino was groter dan in Italië (US$1.092,7). De groei van de industrie in San Marino was minder dan in Italië (5,1%).

Vergelijking met leiders. De toegevoegde waarde van de industrie in San Marino was minder dan in de Verenigde Staten (US$450,4 miljard), in de Sovjet-Unie (US$248,8 miljard), in Japan (US$185,6 miljard), in Duitsland (US$158,4 miljard) en in het Verenigd Koninkrijk (US$72,6 miljard). De industrie per hoofd in San Marino was groter dan in de Verenigde Staten (US$2,1 duizend), in Duitsland (US$2,0 duizend), in Japan (US$1.666,5), in het Verenigd Koninkrijk (US$1.295,1) en in de Sovjet-Unie (US$986,6). De groei van de industrie in San Marino was groter dan in de Verenigde Staten (2,4%), in Duitsland (2,1%) en in het Verenigd Koninkrijk (1,9%); maar minder dan in de Sovjet-Unie (5,2%) en in Japan (4,5%).

de jaren 1980

De industrie van San Marino bedroeg in de jaren 1980 US$154,6 miljoen per jaar, stond op de 140e plaats in de wereld. Het aandeel in de wereld was 0,0037%, en 0,010% in Europa.

Het aandeel van de industrie in de economie van San Marino was 35,9% in de jaren 1980, stond op de 21e plaats in de wereld, en was vergelijkbaar met Mexico (35,9%), Maleisië (35,5%).

De waarde van de industrie per hoofd in San Marino was $6.820,1 in de jaren 1980s, stond op de 6e plaats in de wereld. De waarde van de industrie per hoofd in San Marino was in 7,9 keer hoger dan de industrie per hoofd van de bevolking in de wereld ($861,8), en was in 3,5 keer hoger dan de industrie per hoofd van de bevolking in Europa ($861,8).

De groei van de industrie in San Marino bedroeg 2.5% in de jaren 1980, stond op de 102e plaats in de wereld. De groei van de industrie in San Marino (2,5%) was groter dan de groei van de industrie in de wereld (2,3%), was groter dan de groei van de industrie in Europa (2,3%).

Vergelijking met buren. De toegevoegde waarde van de industrie in San Marino was minder dan in Italië (US$148,2 miljard). De industrie per hoofd in San Marino was groter dan in Italië (US$2,6 duizend). De groei van de industrie in San Marino was groter dan in Italië (2,3%).

Vergelijking met leiders. De industrie van San Marino was minder dan in de Verenigde Staten (US$1,0 biljoen), in Japan (US$566,4 miljard), in de Sovjet-Unie (US$305,7 miljard), in Duitsland (US$297,5 miljard) en in het Verenigd Koninkrijk (US$171,2 miljard). De waarde van de industrie per hoofd in San Marino was groter dan in Japan (US$4,7 duizend), in de Verenigde Staten (US$4,2 duizend), in Duitsland (US$3,8 duizend), in het Verenigd Koninkrijk (US$3,0 duizend) en in de Sovjet-Unie (US$1.110,8). De groei van de industrie in San Marino was groter dan in de Verenigde Staten (1,9%), in het Verenigd Koninkrijk (1,4%) en in Duitsland (1,2%); maar minder dan in de Sovjet-Unie (5,3%) en in Japan (4,2%).

de jaren 1990

De waarde van de industrie in San Marino bedroeg in de jaren 1990 US$372,4 miljoen per jaar, stond op de 146e plaats in de wereld, en was vergelijkbaar met Mongolië (US$370,2 miljoen), de Bahama's (US$369,7 miljoen). Het aandeel in de wereld was 0,0056%, en 0,017% in Europa.

Het aandeel van de industrie in de economie van San Marino was 35,9% in de jaren 1990, stond op de 21e plaats in de wereld, en was vergelijkbaar met Oekraïne (35,9%), Wit-Rusland (35,7%), Maleisië (36,1%).

De waarde van de industrie per hoofd in San Marino was $14.494,4 in de jaren 1990s, stond op de 2e plaats in de wereld. De sector van de industrie per hoofd in San Marino was in 12,3 keer hoger dan de industrie per hoofd van de bevolking in de wereld ($1.175,6), en was in 4,9 keer hoger dan de industrie per hoofd van de bevolking in Europa ($1.175,6).

De groei van de industrie in San Marino bedroeg 5.7% in de jaren 1990, stond op de 49e plaats in de wereld. De groei van de industrie in San Marino (5,7%) was groter dan de groei van de industrie in de wereld (2,5%), was groter dan de groei van de industrie in Europa (0,0047%).

Vergelijking met buren. De toegevoegde waarde van de industrie in San Marino was minder dan in Italië (US$259,5 miljard). De industrie per hoofd in San Marino was groter dan in Italië (US$4,6 duizend). De groei van de industrie in San Marino was groter dan in Italië (1,0%).

Vergelijking met leiders. De industrie van San Marino was minder dan in de Verenigde Staten (US$1,5 biljoen), in Japan (US$1,2 biljoen), in Duitsland (US$534,0 miljard), in China (US$285,9 miljard) en in het Verenigd Koninkrijk (US$268,6 miljard). De sector van de industrie per hoofd in San Marino was groter dan in Japan (US$9,4 duizend), in Duitsland (US$6,6 duizend), in de Verenigde Staten (US$5,7 duizend), in het Verenigd Koninkrijk (US$4,6 duizend) en in China (US$231,9). De groei van de industrie in San Marino was groter dan in de Verenigde Staten (2,8%), in Japan (1,3%), in het Verenigd Koninkrijk (1,2%) en in Duitsland (0,33%); maar minder dan in China (13,1%).

de jaren 2000

De industrie van San Marino bedroeg in de jaren 2000 US$579,0 miljoen per jaar, stond op de 148e plaats in de wereld, en was vergelijkbaar met Moldavië (US$571,8 miljoen). Het aandeel in de wereld was 0,0057%, en 0,020% in Europa.

Het aandeel van de industrie in de economie van San Marino was 32,2% in de jaren 2000, stond op de 36e plaats in de wereld, en was vergelijkbaar met Egypte (32,0%), Suriname (32,0%).

De industrie per hoofd in San Marino was $19.876,7 in de jaren 2000s, stond op de 4e plaats in de wereld. De industrie per hoofd in San Marino was in 12,6 keer hoger dan de industrie per hoofd van de bevolking in de wereld ($1.573,8), en was in 5,0 keer hoger dan de industrie per hoofd van de bevolking in Europa ($1.573,8).

De groei van de industrie in San Marino bedroeg -2.6% in de jaren 2000, stond op de 201e plaats in de wereld. De groei van de industrie in San Marino (-2,6%) was minder dan de groei van de industrie in de wereld (2,9%), was minder dan de groei van de industrie in Europa (0,63%).

Vergelijking met buren. De toegevoegde waarde van de industrie in San Marino was minder dan in Italië (US$320,8 miljard). De industrie per hoofd in San Marino was groter dan in Italië (US$5,5 duizend). De groei van de industrie in San Marino was minder dan in Italië (-1,4%).

Vergelijking met leiders. De waarde van de industrie in San Marino was minder dan in de Verenigde Staten (US$2,1 biljoen), in Japan (US$1,1 biljoen), in China (US$1,1 biljoen), in Duitsland (US$629,4 miljard) en in het Verenigd Koninkrijk (US$345,1 miljard). De waarde van de industrie per hoofd in San Marino was groter dan in Japan (US$8,8 duizend), in Duitsland (US$7,7 duizend), in de Verenigde Staten (US$7,1 duizend), in het Verenigd Koninkrijk (US$5,7 duizend) en in China (US$795,3). De groei van de industrie in

San Marino was minder dan in China (11,1%), in de Verenigde Staten (1,5%), in Duitsland (0,19%), in Japan (0,15%) en in het Verenigd Koninkrijk (-1,1%).

de jaren 2010

De sector van de industrie in San Marino bedroeg in de jaren 2010 US$491,7 miljoen per jaar, stond op de 163e plaats in de wereld, en was vergelijkbaar met Montenegro (US$483,2 miljoen). Het aandeel in de wereld was 0,0029%, en 0,013% in Europa.

Het aandeel van de industrie in de economie van San Marino was 30,4% in de jaren 2010, stond op de 38e plaats in de wereld, en was vergelijkbaar met Azië (30,5%), Paraguay (30,4%), Zuidoost-Azië (30,5%).

De toegevoegde waarde van de industrie per hoofd in San Marino was $14.963,9 in de jaren 2010s, stond op de 10e plaats in de wereld, en was vergelijkbaar met Puerto Rico (US$15,0 duizend). De industrie per hoofd in San Marino was in 6,4 keer hoger dan de industrie per hoofd van de bevolking in de wereld ($2.320,9), en was in 2,9 keer hoger dan de industrie per hoofd van de bevolking in Europa ($2.320,9).

De groei van de industrie in San Marino bedroeg -0.4% in de jaren 2010, stond op de 180e plaats in de wereld. De groei van de industrie in San Marino (-0,35%) was minder dan de groei van de industrie in de wereld (3,5%), was minder dan de groei van de industrie in Europa (2,0%).

Vergelijking met buren. De toegevoegde waarde van de industrie in San Marino was 714,2 keer minder dan in Italië (US$351,2 miljard). De sector van de industrie per hoofd in San Marino was 2,6 keer groter dan in Italië (US$5,8 duizend). De groei van de industrie in San Marino was minder dan in Italië (1,00%).

Vergelijking met leiders. De toegevoegde waarde van de industrie in San Marino was 7.490,6 keer minder dan in China (US$3,7 biljoen), 5.575,8 keer minder dan in de Verenigde Staten (US$2,7 biljoen), 2.421,0 keer minder dan in Japan (US$1,2 biljoen), 1.708,3 keer minder dan in Duitsland (US$840,0 miljard) en 901,7 keer minder dan in India (US$443,4 miljard). De toegevoegde waarde van de industrie per hoofd in San Marino was 45,8% groter dan in Duitsland (US$10,3 duizend), 60,8% groter dan in Japan (US$9,3 duizend), 74,4% groter dan in de Verenigde Staten (US$8,6 duizend), 5,7 keer groter dan in China (US$2,6 duizend) en 43,9 keer groter dan in India (US$340,6). De groei van de industrie in San Marino was minder dan in China (7,5%), in India (6,5%), in Duitsland (3,2%), in Japan (2,6%) en in de Verenigde Staten (2,2%).

Hoofdstuk 5.1. Fabricage

(ISIC D)

De fabricage van San Marino steeg van US$56,7 miljoen per jaar in de jaren 1970 tot US$491,7 miljoen per jaar in de jaren 2010, dat wil zeggen met US$435,0 miljoen of 8,7 keer. De verandering vond plaats op US$388,3 miljoen als gevolg van een 4,8-voudige stijging van de prijzen, en ook op US$10,0 miljoen als gevolg van een 1,1-voudige toename van de productiviteit , evenals op US$36,7 miljoen als gevolg van de toename van de bevolking. De gemiddelde jaarlijkse groei van de fabricage is 1,7%. De minimumwaarde van de fabricage bedroeg US$29,5 miljoen in 1970. De maximumwaarde van de fabricage bedroeg US$786,1 miljoen in 2008.

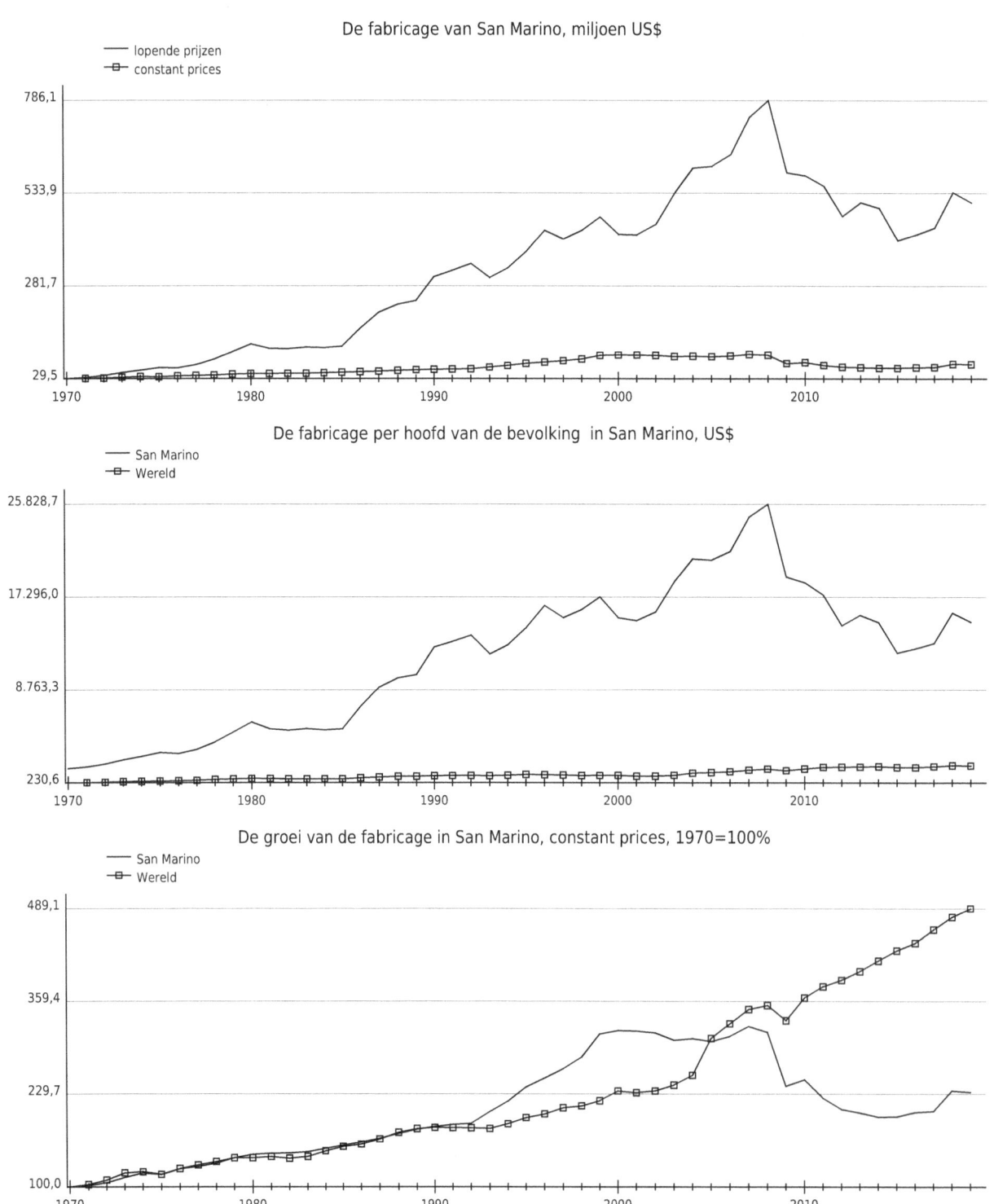

De fabricage van San Marino, miljoen US$

De fabricage per hoofd van de bevolking in San Marino, US$

De groei van de fabricage in San Marino, constant prices, 1970=100%

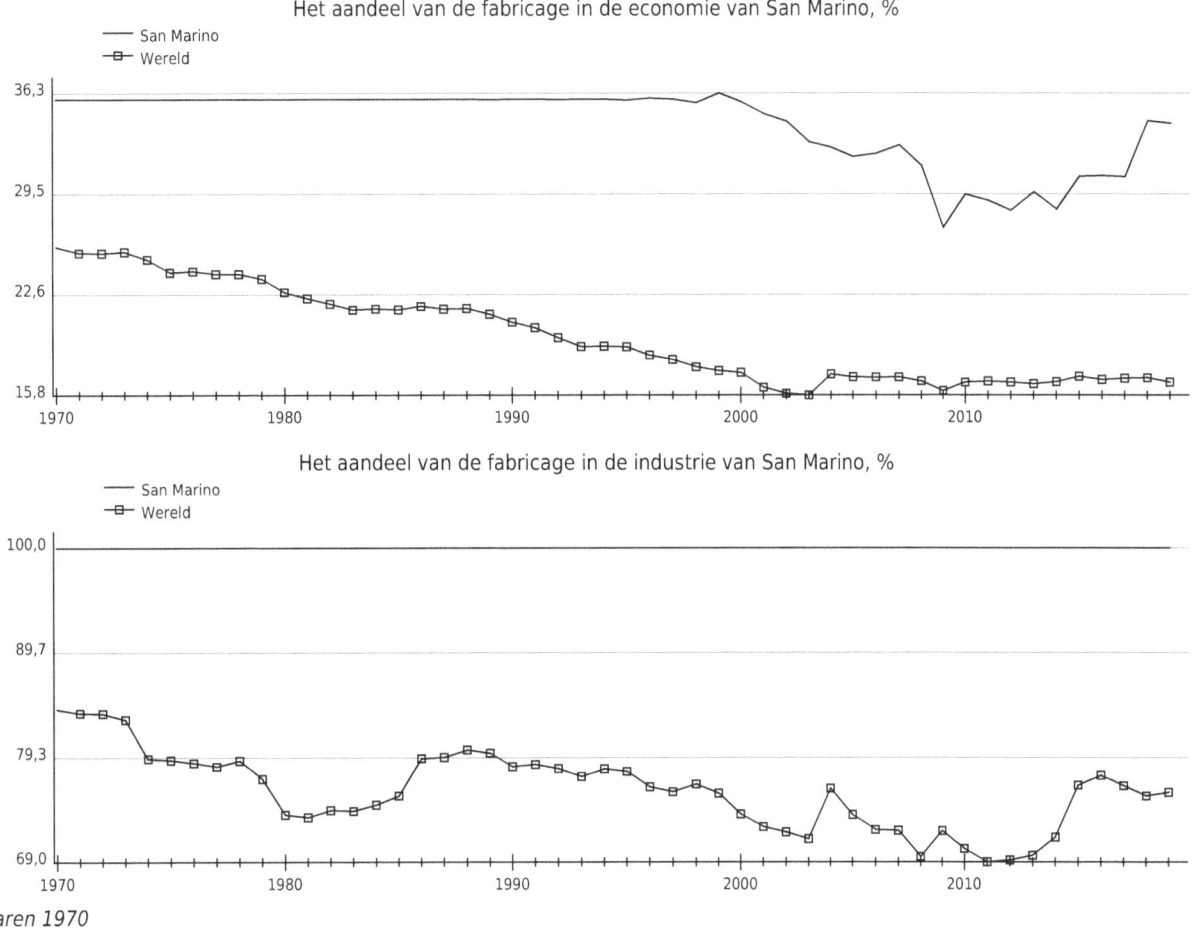

Het aandeel van de fabricage in de economie van San Marino, %

Het aandeel van de fabricage in de industrie van San Marino, %

de jaren 1970

De waarde van de fabricage in San Marino bedroeg in de jaren 1970 US$56,7 miljoen per jaar, stond op de 129e plaats in de wereld, en was vergelijkbaar met Nepal (US$56,8 miljoen), Swaziland (US$56,4 miljoen), Macau (US$57,9 miljoen). Het aandeel in de wereld was 0,0037%, en 0,0077% in Europa.

Het aandeel van de fabricage in de economie van San Marino was 35,9% in de jaren 1970, stond op de 3e plaats in de wereld.

De waarde van de fabricage per hoofd in San Marino was $2.841,7 in de jaren 1970s, stond op de 1e plaats in de wereld. De toegevoegde waarde van de fabricage per hoofd in San Marino was in 7,4 keer hoger dan de fabricage per hoofd van de bevolking in de wereld ($383,2), en was in 2,8 keer hoger dan de fabricage per hoofd van de bevolking in Europa ($383,2).

De groei van de fabricage in San Marino bedroeg 3.8% in de jaren 1970, stond op de 112e plaats in de wereld, en was vergelijkbaar met Jordanië (3,8%), Anguilla (3,8%), de Wereld (3,8%). De groei van de fabricage in San Marino (3,8%) was minder dan de groei van de fabricage in de wereld (3,8%), was groter dan de groei van de fabricage in Europa (3,5%).

Vergelijking met buren. De sector van de fabricage in San Marino was minder dan in Italië (US$55,3 miljard). De sector van de fabricage per hoofd in San Marino was groter dan in Italië (US$1.005,2). De groei van de fabricage in San Marino was minder dan in Italië (6,4%).

Vergelijking met leiders. De sector van de fabricage in San Marino was minder dan in de Verenigde Staten (US$378,0 miljard), in de Sovjet-Unie (US$248,8 miljard), in Japan (US$169,3 miljard), in Duitsland (US$138,0 miljard) en in Frankrijk (US$64,5 miljard). De fabricage per hoofd in San Marino was groter dan in Duitsland (US$1.752,1), in de Verenigde Staten (US$1.731,8), in Japan (US$1.520,6), in Frankrijk (US$1.203,0) en in de Sovjet-Unie (US$986,6). De groei van de fabricage in San Marino was groter dan in Frankrijk (3,5%), in de Verenigde Staten (2,7%) en in Duitsland (2,1%); maar minder dan in de Sovjet-Unie (5,2%) en in Japan (4,5%).

de jaren 1980

De fabricage van San Marino bedroeg in de jaren 1980 US$154,6 miljoen per jaar, stond op de 126e plaats in de wereld. Het aandeel in de wereld was 0,0048%, en 0,012% in Europa.

Het aandeel van de fabricage in de economie van San Marino was 35,9% in de jaren 1980, stond op de 3e plaats in de wereld.

De sector van de fabricage per hoofd in San Marino was $6.820,1 in de jaren 1980s, stond op de 1e plaats in de wereld. De fabricage per hoofd in San Marino was in 10,3 keer hoger dan de fabricage per hoofd van de bevolking in de wereld ($661,2), en was in 4,1 keer hoger dan de fabricage per hoofd van de bevolking in Europa ($661,2).

De groei van de fabricage in San Marino bedroeg 2.5% in de jaren 1980, stond op de 106e plaats in de wereld, en was vergelijkbaar met Zweden (2,5%), Ecuador (2,6%). De groei van de fabricage in San Marino (2,5%) was minder dan de groei van de fabricage in de wereld (2,6%), was groter dan de groei van de fabricage in Europa (2,1%).

Vergelijking met buren. De toegevoegde waarde van de fabricage in San Marino was minder dan in Italië (US$134,1 miljard). De fabricage per hoofd in San Marino was groter dan in Italië (US$2,4 duizend). De groei van de fabricage in San Marino was groter dan in Italië (2,5%).

Vergelijking met leiders. De toegevoegde waarde van de fabricage in San Marino was minder dan in de Verenigde Staten (US$789,4 miljard), in Japan (US$501,0 miljard), in de Sovjet-Unic (US$305,7 miljard), in Duitsland (US$258,7 miljard) en in Italië (US$134,1 miljard). De waarde van de fabricage per hoofd in San Marino was groter dan in Japan (US$4,1 duizend), in Duitsland (US$3,3 duizend), in de Verenigde Staten (US$3,3 duizend), in Italië (US$2,4 duizend) en in de Sovjet-Unie (US$1.110,8). De groei van de fabricage in San Marino was groter dan in Italië (2,5%), in de Verenigde Staten (1,9%) en in Duitsland (1,2%); maar minder dan in de Sovjet-Unie (5,3%) en in Japan (4,4%).

de jaren 1990

De fabricage van San Marino bedroeg in de jaren 1990 US$372,4 miljoen per jaar, stond op de 131e plaats in de wereld, en was vergelijkbaar met Nepal (US$371,3 miljoen), Benin (US$367,1 miljoen), Irak (US$366,3 miljoen). Het aandeel in de wereld was 0,0072%, en 0,021% in Europa.

Het aandeel van de fabricage in de economie van San Marino was 35,9% in de jaren 1990, stond op de 4e plaats in de wereld.

De toegevoegde waarde van de fabricage per hoofd in San Marino was $14.494,4 in de jaren 1990s, stond op de 2e plaats in de wereld. De waarde van de fabricage per hoofd in San Marino was in 16,0 keer hoger dan de fabricage per hoofd van de bevolking in de wereld ($908,4), en was in 5,9 keer hoger dan de fabricage per hoofd van de bevolking in Europa ($908,4).

De groei van de fabricage in San Marino bedroeg 5.7% in de jaren 1990, stond op de 45e plaats in de wereld, en was vergelijkbaar met Kaapverdië (5,6%), Palestina (5,7%), Gabon (5,7%). De groei van de fabricage in San Marino (5,7%) was groter dan de groei van de fabricage in de wereld (2,0%), was groter dan de groei van de fabricage in Europa (0,24%).

Vergelijking met buren. De toegevoegde waarde van de fabricage in San Marino was minder dan in Italië (US$227,8 miljard). De toegevoegde waarde van de fabricage per hoofd in San Marino was groter dan in Italië (US$4,0 duizend). De groei van de fabricage in San Marino was groter dan in Italië (1,2%).

Vergelijking met leiders. De fabricage van San Marino was minder dan in de Verenigde Staten (US$1,2 biljoen), in Japan (US$1,0 biljoen), in Duitsland (US$468,8 miljard), in Italië (US$227,8 miljard) en in Frankrijk (US$215,0 miljard). De sector van de fabricage per hoofd in San Marino was groter dan in Japan (US$8,3 duizend), in Duitsland (US$5,8 duizend), in de Verenigde Staten (US$4,7 duizend), in Italië (US$4,0 duizend) en in Frankrijk (US$3,6 duizend). De groei van de fabricage in San Marino was groter dan in de Verenigde Staten (3,2%), in Frankrijk (2,4%), in Italië (1,2%), in Japan (1,1%) en in Duitsland (0,26%).

de jaren 2000

De fabricage van San Marino bedroeg in de jaren 2000 US$579,0 miljoen per jaar, stond op de 135e plaats in de wereld, en was vergelijkbaar met Noord-Macedonië (US$584,5 miljoen). Het aandeel in de wereld was 0,0078%, en 0,025% in Europa.

Het aandeel van de fabricage in de economie van San Marino was 32,2% in de jaren 2000, stond op de 6e plaats in de wereld.

De fabricage per hoofd in San Marino was $19.876,7 in de jaren 2000s, stond op de 2e plaats in de wereld. De waarde van de fabricage per hoofd in San Marino was in 17,5 keer hoger dan de fabricage per hoofd van de bevolking in de wereld ($1.138,1), en was in 6,3 keer hoger dan de fabricage per hoofd van de bevolking in Europa ($1.138,1).

De groei van de fabricage in San Marino bedroeg -2.6% in de jaren 2000, stond op de 192e plaats in de wereld. De groei van de fabricage in San Marino (-2,6%) was minder dan de groei van de fabricage in de wereld (4,2%), was minder dan de groei van de fabricage in Europa (0,69%).

Vergelijking met buren. De sector van de fabricage in San Marino was minder dan in Italië (US$277,2 miljard). De toegevoegde waarde van de fabricage per hoofd in San Marino was groter dan in Italië (US$4,8 duizend). De groei van de fabricage in San Marino was minder dan in Italië (-1,3%).

Vergelijking met leiders. De toegevoegde waarde van de fabricage in San Marino was minder dan in de Verenigde Staten (US$1,6 biljoen), in China (US$1,1 biljoen), in Japan (US$992,9 miljard), in Duitsland (US$551,4 miljard) en in Italië (US$277,2 miljard). De toegevoegde waarde van de fabricage per hoofd in San Marino was groter dan in Japan (US$7,7 duizend), in Duitsland (US$6,8 duizend), in de Verenigde Staten (US$5,6 duizend), in Italië (US$4,8 duizend) en in China (US$815,3). De groei van de fabricage in San Marino was minder dan in de Verenigde Staten (1,6%), in Japan (0,32%), in Duitsland (0,097%) en in Italië (-1,3%).

de jaren 2010

De toegevoegde waarde van de fabricage in San Marino bedroeg in de jaren 2010 US$491,7 miljoen per jaar, stond op de 155e plaats in de wereld. Het aandeel in de wereld was 0,0039%, en 0,017% in Europa.

Het aandeel van de fabricage in de economie van San Marino was 30,4% in de jaren 2010, stond op de 5e plaats in de wereld.

De fabricage per hoofd in San Marino was $14.963,9 in de jaren 2010s, stond op de 4e plaats in de wereld. De waarde van de fabricage per hoofd in San Marino was in 8,8 keer hoger dan de fabricage per hoofd van de bevolking in de wereld ($1.697,4), en was in 3,8 keer hoger dan de fabricage per hoofd van de bevolking in Europa ($1.697,4).

De groei van de fabricage in San Marino bedroeg -0.4% in de jaren 2010, stond op de 180e plaats in de wereld. De groei van de fabricage in San Marino (-0,35%) was minder dan de groei van de fabricage in de wereld (3,9%), was minder dan de groei van de fabricage in Europa (2,5%).

Vergelijking met buren. De waarde van de fabricage in San Marino was 602,7 keer minder dan in Italië (US$296,4 miljard). De toegevoegde waarde van de fabricage per hoofd in San Marino was 3,0 keer groter dan in Italië (US$4,9 duizend). De groei van de fabricage in San Marino was minder dan in Italië (1,5%).

Vergelijking met leiders. De toegevoegde waarde van de fabricage in San Marino was 6.335,6 keer minder dan in China (US$3,1 biljoen), 4.211,1 keer minder dan in de Verenigde Staten (US$2,1 biljoen), 2.155,8 keer minder dan in Japan (US$1,1 biljoen), 1.495,2 keer minder dan in Duitsland (US$735,2 miljard) en 794,2 keer minder dan in Zuid-Korea (US$390,5 miljard). De fabricage per hoofd in San Marino was 66,6% groter dan in Duitsland (US$9,0 duizend), 80,6% groter dan in Japan (US$8,3 duizend), 93,8% groter dan in Zuid-Korea (US$7,7 duizend), 2,3 keer groter dan in de Verenigde Staten (US$6,5 duizend) en 6,7 keer groter dan in China (US$2,2 duizend). De groei van de fabricage in San Marino was minder dan in China (7,5%), in Zuid-Korea (3,8%), in Duitsland (3,5%), in Japan (3,0%) en in de Verenigde Staten (1,9%).

Hoofdstuk VI. Constructie

(ISIC F)

De constructie van San Marino steeg van US$7,9 miljoen per jaar in de jaren 1970 tot US$77,2 miljoen per jaar in de jaren 2010, dat wil zeggen met US$69,3 miljoen of 9,8 keer. De verandering vond plaats op US$61,2 miljoen als gevolg van een 4,8-voudige stijging van de prijzen, en ook op US$3,0 miljoen als gevolg van een 1,2-voudige toename van de productiviteit , evenals op US$5,1 miljoen als gevolg van de toename van de bevolking. De gemiddelde jaarlijkse groei van de constructie is 1,5%. De minimumwaarde van de constructie bedroeg US$4,1 miljoen in 1970. De maximumwaarde van de constructie bedroeg US$155,6 miljoen in 2008.

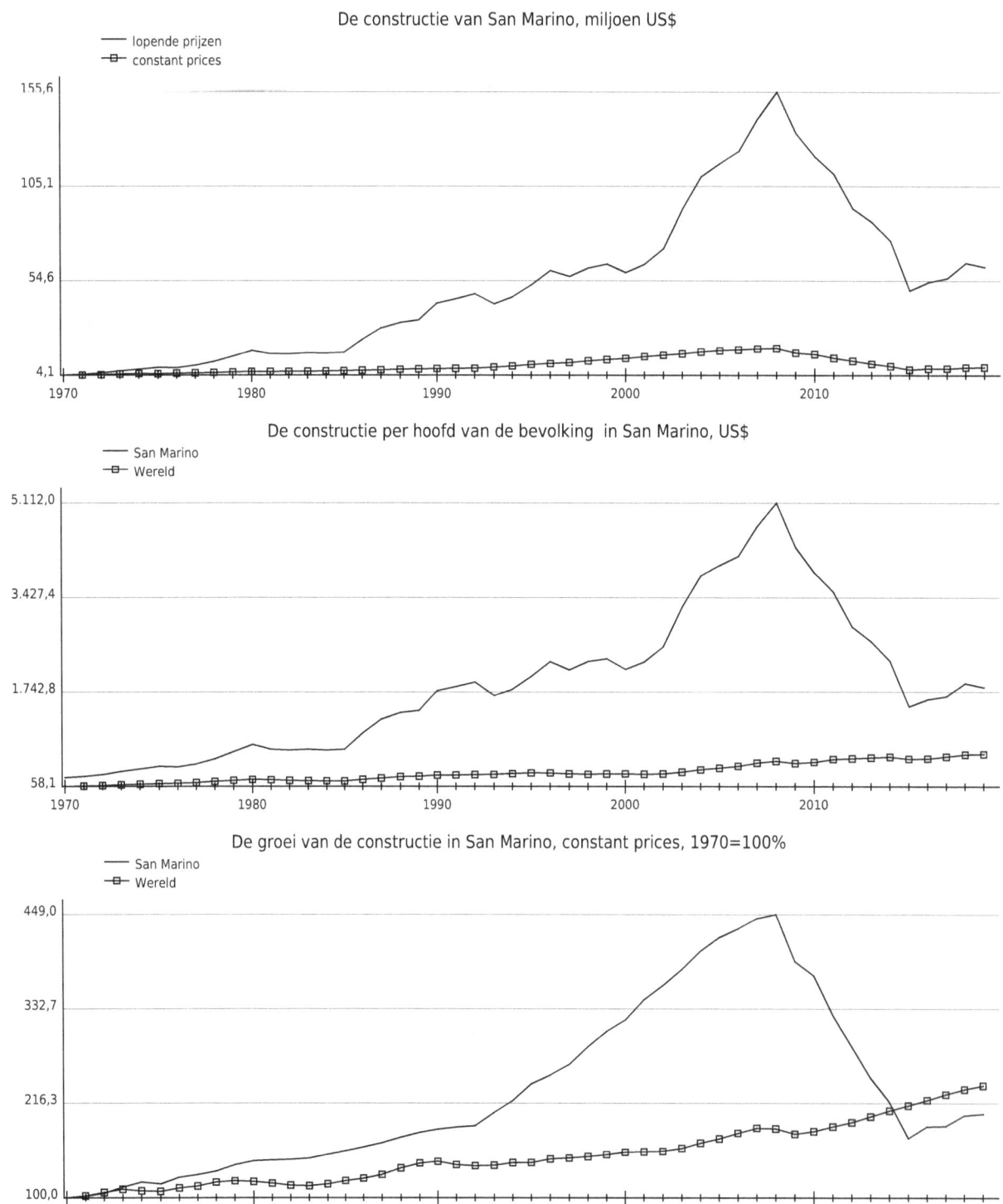

De constructie van San Marino, miljoen US$

De constructie per hoofd van de bevolking in San Marino, US$

De groei van de constructie in San Marino, constant prices, 1970=100%

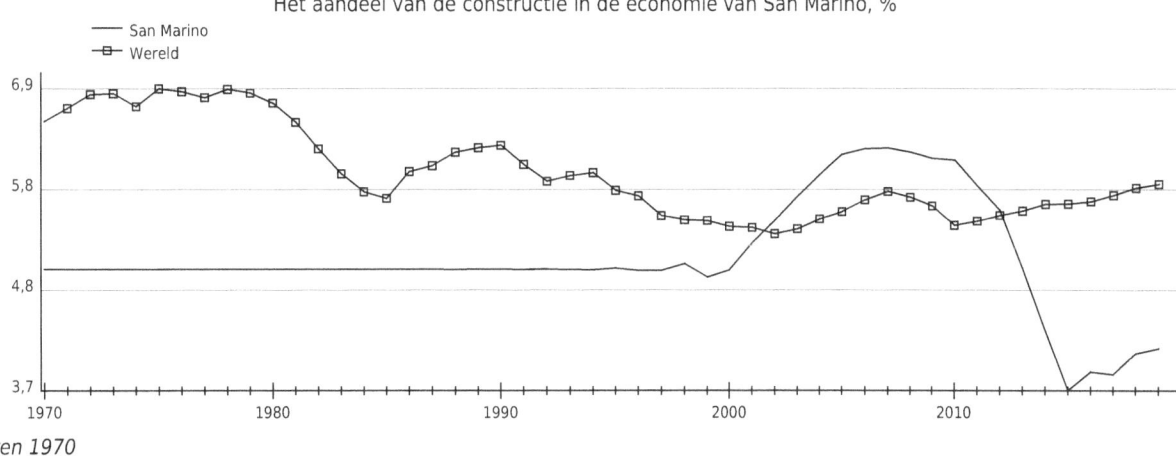

Het aandeel van de constructie in de economie van San Marino, %

de jaren 1970

De waarde van de constructie in San Marino bedroeg in de jaren 1970 US$7,9 miljoen per jaar, stond op de 155e plaats in de wereld. Het aandeel in de wereld was 0,0018%, en 0,0039% in Europa.

Het aandeel van de constructie in de economie van San Marino was 5,0% in de jaren 1970, stond op de 119e plaats in de wereld, en was vergelijkbaar met Groenland (5,0%).

De sector van de constructie per hoofd in San Marino was $395,4 in de jaren 1970s, stond op de 26e plaats in de wereld, en was vergelijkbaar met Venezuela (US$391,9), Japan (US$390,8), Noord-Amerika (US$386,9). De waarde van de constructie per hoofd in San Marino was in 3,7 keer hoger dan de constructie per hoofd van de bevolking in de wereld ($106,1), en was 42,3% hoger dan de constructie per hoofd van de bevolking in Europa ($106,1).

De groei van de constructie in San Marino bedroeg 3.8% in de jaren 1970, stond op de 101e plaats in de wereld, en was vergelijkbaar met Mozambique (3,8%), Monaco (3,9%). De groei van de constructie in San Marino (3,8%) was groter dan de groei van de constructie in de wereld (2,1%), was groter dan de groei van de constructie in Europa (1,3%).

Vergelijking met buren. De waarde van de constructie in San Marino was minder dan in Italië (US$16,0 miljard). De bouw per hoofd in San Marino was groter dan in Italië (US$290,8). De groei van de constructie in San Marino was groter dan in Italië (-0,20%).

Vergelijking met leiders. De waarde van de constructie in San Marino was minder dan in de Verenigde Staten (US$81,1 miljard), in de Sovjet-Unie (US$52,5 miljard), in Japan (US$43,5 miljard), in Duitsland (US$33,8 miljard) en in Frankrijk (US$22,4 miljard). De toegevoegde waarde van de constructie per hoofd in San Marino was groter dan in Japan (US$390,8), in de Verenigde Staten (US$371,5) en in de Sovjet-Unie (US$208,1); maar minder dan in Duitsland (US$428,6) en in Frankrijk (US$417,3). De groei van de constructie in San Marino was groter dan in Japan (3,4%), in Frankrijk (2,0%), in Duitsland (0,66%) en in de Verenigde Staten (0,31%); maar minder dan in de Sovjet-Unie (6,5%).

de jaren 1980

De waarde van de constructie in San Marino bedroeg in de jaren 1980 US$21,5 miljoen per jaar, stond op de 155e plaats in de wereld. Het aandeel in de wereld was 0,0024%, en 0,0061% in Europa.

Het aandeel van de constructie in de economie van San Marino was 5,0% in de jaren 1980, stond op de 119e plaats in de wereld, en was vergelijkbaar met Nepal (5,0%), Groenland (5,0%), Saint Lucia (5,0%).

De sector van de constructie per hoofd in San Marino was $949,1 in de jaren 1980s, stond op de 12e plaats in de wereld, en was vergelijkbaar met Australië (US$945,2), Canada (US$942,9), Finland (US$961,3). De bouw per hoofd in San Marino was in 5,1 keer hoger dan de constructie per hoofd van de bevolking in de wereld ($186,2), en was in 2,1 keer hoger dan de constructie per hoofd van de bevolking in Europa ($186,2).

De groei van de constructie in San Marino bedroeg 2.5% in de jaren 1980, stond op de 91e plaats in de wereld, en was vergelijkbaar met Spanje (2,6%). De groei van de constructie in San Marino (2,5%) was groter dan de groei van de constructie in de wereld (1,7%), was groter dan de groei van de constructie in Europa (1,9%).

Vergelijking met buren. De toegevoegde waarde van de constructie in San Marino was minder dan in Italië (US$35,3 miljard). De waarde van de constructie per hoofd in San Marino was groter dan in Italië (US$620,6). De groei van de constructie in San Marino was groter dan in Italië (0,70%).

Vergelijking met leiders. De waarde van de constructie in San Marino was minder dan in de Verenigde Staten (US$180,6 miljard), in Japan (US$138,7 miljard), in de Sovjet-Unie (US$72,1 miljard), in Duitsland (US$57,8 miljard) en in Frankrijk (US$42,5 miljard). De bouw per hoofd in San Marino was groter dan in de Verenigde Staten (US$754,4), in Frankrijk (US$751,9), in Duitsland (US$740,2) en in de Sovjet-Unie (US$262,0); maar minder dan in Japan (US$1.143,9). De groei van de constructie in San Marino was groter dan in Japan (2,1%), in de Verenigde Staten (1,1%), in Frankrijk (0,67%) en in Duitsland (-0,52%); maar minder dan in de Sovjet-Unie (6,2%).

de jaren 1990

De waarde van de constructie in San Marino bedroeg in de jaren 1990 US$51,7 miljoen per jaar, stond op de 165e plaats in de wereld, en was vergelijkbaar met Fiji (US$51,2 miljoen), Somalië (US$50,9 miljoen), Suriname (US$50,8 miljoen). Het aandeel in de wereld was 0,0033%, en 0,0094% in Europa.

Het aandeel van de constructie in de economie van San Marino was 5,0% in de jaren 1990, stond op de 128e plaats in de wereld, en was vergelijkbaar met Bahrein (5,0%).

De sector van de constructie per hoofd in San Marino was $2.013,1 in de jaren 1990s, stond op de 11e plaats in de wereld. De toegevoegde waarde van de constructie per hoofd in San Marino was in 7,2 keer hoger dan de constructie per hoofd van de bevolking in de wereld ($278,6), en was in 2,6 keer hoger dan de constructie per hoofd van de bevolking in Europa ($278,6).

De groei van de constructie in San Marino bedroeg 5.4% in de jaren 1990, stond op de 58e plaats in de wereld, en was vergelijkbaar met Indonesië (5,4%). De groei van de constructie in San Marino (5,4%) was groter dan de groei van de constructie in de wereld (0,71%), was groter dan de groei van de constructie in Europa (-1,7%).

Vergelijking met buren. De constructie van San Marino was minder dan in Italië (US$60,1 miljard). De constructie per hoofd in San Marino was groter dan in Italië (US$1.054,2). De groei van de constructie in San Marino was groter dan in Italië (-0,78%).

Vergelijking met leiders. De toegevoegde waarde van de constructie in San Marino was minder dan in Japan (US$343,2 miljard), in de Verenigde Staten (US$299,1 miljard), in Duitsland (US$125,2 miljard), in het Verenigd Koninkrijk (US$69,8 miljard) en in Frankrijk (US$68,8 miljard). De waarde van de constructie per hoofd in San Marino was groter dan in Duitsland (US$1.552,3), in het Verenigd Koninkrijk (US$1.205,1), in Frankrijk (US$1.158,8) en in de Verenigde Staten (US$1.131,2); maar minder dan in Japan (US$2,7 duizend). De groei van de constructie in San Marino was groter dan in de Verenigde Staten (1,8%), in Duitsland (-0,047%), in het Verenigd Koninkrijk (-0,34%), in Frankrijk (-0,65%) en in Japan (-1,0%).

de jaren 2000

De constructie van San Marino bedroeg in de jaren 2000 US$106,8 miljoen per jaar, stond op de 167e plaats in de wereld, en was vergelijkbaar met Antigua en Barbuda (US$108,5 miljoen), Malawi (US$104,3 miljoen). Het aandeel in de wereld was 0,0043%, en 0,013% in Europa.

Het aandeel van de constructie in de economie van San Marino was 5,9% in de jaren 2000, stond op de 94e plaats in de wereld, en was vergelijkbaar met Honduras (5,9%), Zuidwest-Azië (6,0%), de Seychellen (6,0%).

De toegevoegde waarde van de constructie per hoofd in San Marino was $3.668,1 in de jaren 2000s, stond op de 7e plaats in de wereld, en was vergelijkbaar met IJsland (US$3,6 duizend). De toegevoegde waarde van de constructie per hoofd in San Marino was in 9,6 keer hoger dan de constructie per hoofd van de bevolking in de wereld ($381,3), en was in 3,2 keer hoger dan de constructie per hoofd van de bevolking in Europa ($381,3).

De groei van de constructie in San Marino bedroeg 2.5% in de jaren 2000, stond op de 141e plaats in de wereld. De groei van de constructie in San Marino (2,5%) was groter dan de groei van de constructie in de wereld (1,5%), was groter dan de groei van de constructie in Europa (0,97%).

Vergelijking met buren. De toegevoegde waarde van de constructie in San Marino was minder dan in Italië (US$90,8 miljard). De constructie per hoofd in San Marino was groter dan in Italië (US$1.566,5). De groei van de constructie in San Marino was groter dan in Italië (0,97%).

Vergelijking met leiders. De sector van de constructie in San Marino was minder dan in de Verenigde Staten (US$583,0 miljard), in Japan (US$270,5 miljard), in China (US$150,1 miljard), in het Verenigd Koninkrijk (US$132,1 miljard) en in Spanje (US$111,8 miljard). De toegevoegde waarde van de constructie per hoofd in San Marino was groter dan in Spanje (US$2,6 duizend), in het Verenigd Koninkrijk (US$2,2 duizend), in Japan (US$2,1 duizend), in de Verenigde Staten (US$1.983,7) en in China (US$113,1). De groei van de constructie in San Marino was groter dan in Spanje (1,7%), in het Verenigd Koninkrijk (0,17%), in de Verenigde Staten (-2,6%) en in Japan (-3,9%); maar minder dan in China (11,9%).

de jaren 2010

De toegevoegde waarde van de constructie in San Marino bedroeg in de jaren 2010 US$77,2 miljoen per jaar, stond op de 183e plaats in de wereld. Het aandeel in de wereld was 0,0018%, en 0,0073% in Europa.

Het aandeel van de constructie in de economie van San Marino was 4,8% in de jaren 2010, stond op de 148e plaats in de wereld, en was vergelijkbaar met Italië (4,7%), Vanuatu (4,7%).

De sector van de constructie per hoofd in San Marino was $2.349,9 in de jaren 2010s, stond op de 24e plaats in de wereld, en was vergelijkbaar met het Verenigd Koninkrijk (US$2,3 duizend), Nieuw-Zeeland (US$2,4 duizend), Singapore (US$2,4 duizend). De sector van de constructie per hoofd in San Marino was in 4,1 keer hoger dan de constructie per hoofd van de bevolking in de wereld ($572,1), en was 66,0% hoger dan de constructie per hoofd van de bevolking in Europa ($572,1).

De groei van de constructie in San Marino bedroeg -6.3% in de jaren 2010, stond op de 199e plaats in de wereld, en was vergelijkbaar met Puerto Rico (-6,3%). De groei van de constructie in San Marino (-6,3%) was minder dan de groei van de constructie in de wereld (2,9%), was minder dan de groei van de constructie in Europa (0,50%).

Vergelijking met buren. De waarde van de constructie in San Marino was 1.136,4 keer minder dan in Italië (US$87,8 miljard). De sector van de constructie per hoofd in San Marino was 61,3% groter dan in Italië (US$1.456,5). De groei van de constructie in San Marino was minder dan in Italië (-3,2%).

Vergelijking met leiders. De waarde van de constructie in San Marino was 9.468,0 keer minder dan in China (US$731,1 miljard), 8.816,7 keer minder dan in de Verenigde Staten (US$680,8 miljard), 3.608,8 keer minder dan in Japan (US$278,7 miljard), 2.176,9 keer minder dan in India (US$168,1 miljard) en 1.984,4 keer minder dan in Duitsland (US$153,2 miljard). De toegevoegde waarde van de constructie per hoofd in San Marino was 7,9% groter dan in Japan (US$2,2 duizend), 10,3% groter dan in de Verenigde Staten (US$2,1 duizend), 25,5% groter dan in Duitsland (US$1.871,9), 4,5 keer groter dan in China (US$521,3) en 18,2 keer groter dan in India (US$129,1). De groei van de constructie in San Marino was minder dan in China (8,2%), in India (5,2%), in Duitsland (1,8%), in Japan (1,7%) en in de Verenigde Staten (1,4%).

Hoofdstuk VII. Vervoer

Transport, opslag en communicatie (ISIC I)

De sector van het transport in San Marino steeg van US$4,4 miljoen per jaar in de jaren 1970 tot US$77,6 miljoen per jaar in de jaren 2010, dat wil zeggen met US$73,2 miljoen of 17,7 keer. De verandering vond plaats op US$61,1 miljoen als gevolg van een 4,7-voudige stijging van de prijzen, en ook op US$9,2 miljoen als gevolg van een 2,3-voudige toename van de productiviteit , evenals op US$2,8 miljoen als gevolg van de toename van de bevolking. De gemiddelde jaarlijkse groei van het transport is 3,8%. De minimumwaarde van het transport bedroeg US$2,3 miljoen in 1970. De maximumwaarde van het transport bedroeg US$106,4 miljoen in 2018.

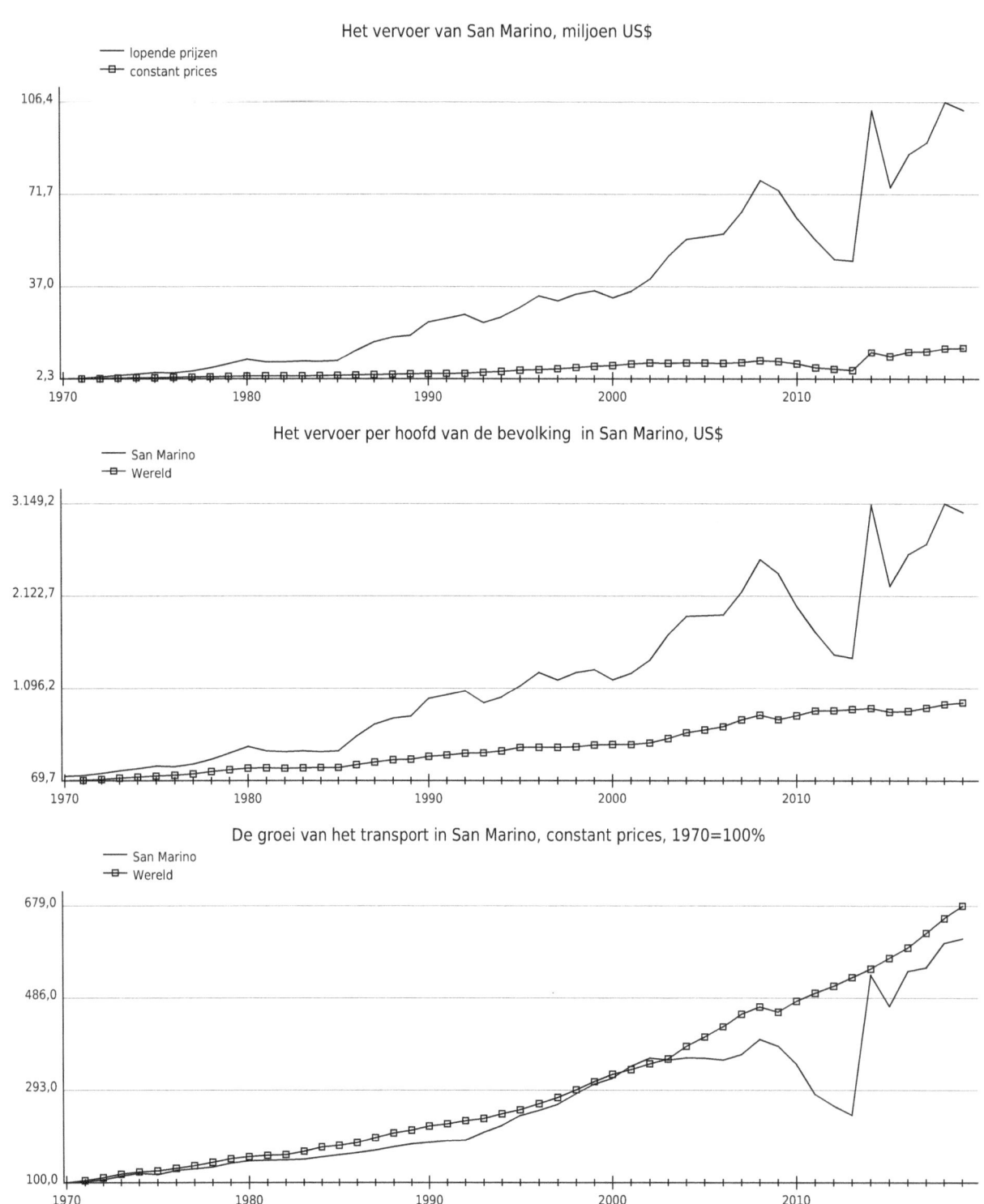

Het vervoer van San Marino, miljoen US$

Het vervoer per hoofd van de bevolking in San Marino, US$

De groei van het transport in San Marino, constant prices, 1970=100%

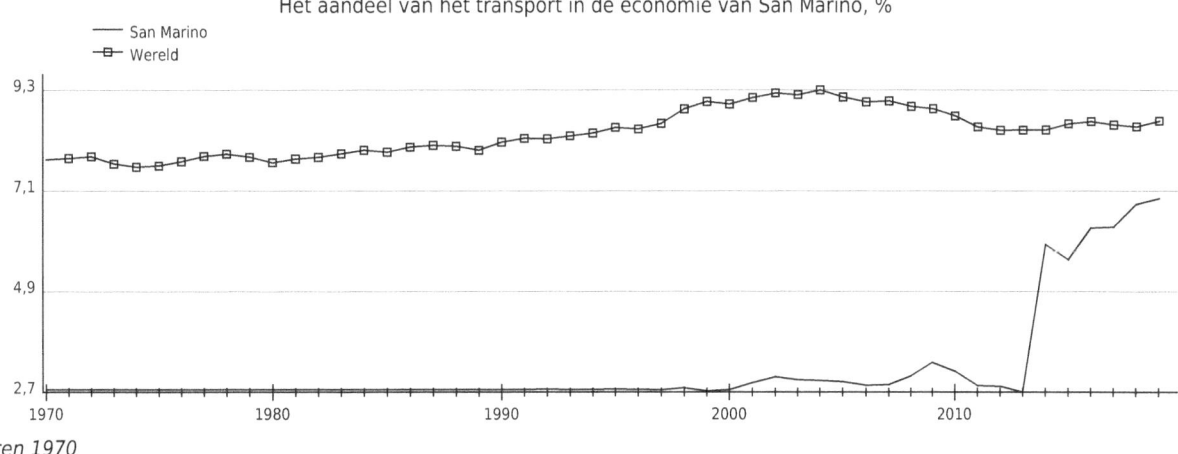

Het aandeel van het transport in de economie van San Marino, %

de jaren 1970

Het vervoer van San Marino bedroeg in de jaren 1970 US$4,4 miljoen per jaar, stond op de 165e plaats in de wereld. Het aandeel in de wereld was 0,0009%, en 0,0024% in Europa.

Het aandeel van het transport in de economie van San Marino was 2,8% in de jaren 1970, stond op de 167e plaats in de wereld.

De sector van het transport per hoofd in San Marino was $220,1 in de jaren 1970s, stond op de 40e plaats in de wereld, en was vergelijkbaar met Zuid-Europa (US$221,0), Trinidad en Tobago (US$223,8). De toegevoegde waarde van het transport per hoofd in San Marino was 80,0% hoger dan het transport per hoofd van de bevolking in de wereld ($122,3), en was 11,4% lager dan het transport per hoofd van de bevolking in Europa ($122,3).

De groei van het transport in San Marino bedroeg 3.8% in de jaren 1970, stond op de 126e plaats in de wereld, en was vergelijkbaar met Anguilla (3,8%), Mozambique (3,8%), Monaco (3,9%). De groei van het transport in San Marino (3,8%) was minder dan de groei van het transport in de wereld (4,6%), was minder dan de groei van het transport in Europa (4,3%).

Vergelijking met buren. De sector van het transport in San Marino was minder dan in Italië (US$15,2 miljard). Het transport per hoofd in San Marino was minder dan in Italië (US$276,0). De groei van het transport in San Marino was minder dan in Italië (5,6%).

Vergelijking met leiders. De waarde van het transport in San Marino was minder dan in de Verenigde Staten (US$168,6 miljard), in Japan (US$46,4 miljard), in Duitsland (US$29,6 miljard), in de Sovjet-Unie (US$28,8 miljard) en in Frankrijk (US$24,0 miljard). De waarde van het transport per hoofd in San Marino was groter dan in de Sovjet-Unie (US$114,0); maar minder dan in de Verenigde Staten (US$772,4), in Frankrijk (US$447,4), in Japan (US$416,6) en in Duitsland (US$376,1). De groei van het transport in San Marino was groter dan in Duitsland (3,0%) en in Japan (1,7%); maar minder dan in de Sovjet-Unie (8,1%), in de Verenigde Staten (4,2%) en in Frankrijk (4,1%).

de jaren 1980

De sector van het transport in San Marino bedroeg in de jaren 1980 US$12,0 miljoen per jaar, stond op de 164e plaats in de wereld, en was vergelijkbaar met Dominica (US$11,8 miljoen). Het aandeel in de wereld was 0,0010%, en 0,0032% in Europa.

Het aandeel van het transport in de economie van San Marino was 2,8% in de jaren 1980, stond op de 173e plaats in de wereld.

De waarde van het transport per hoofd in San Marino was $528,2 in de jaren 1980s, stond op de 40e plaats in de wereld, en was vergelijkbaar met Koeweit (US$525,6), Spanje (US$520,9). De toegevoegde waarde van het transport per hoofd in San Marino was in 2,2 keer hoger dan het transport per hoofd van de bevolking in de wereld ($242,0), en was 6,8% hoger dan het transport per hoofd van de bevolking in Europa ($242,0).

De groei van het transport in San Marino bedroeg 2.5% in de jaren 1980, stond op de 129e plaats in de wereld, en was vergelijkbaar met Oostenrijk (2,6%). De groei van het transport in San Marino (2,5%) was minder dan de groei van het transport in de wereld (3,4%), was minder dan de groei van het transport in Europa (2,8%).

Vergelijking met buren. Het transport van San Marino was minder dan in Italië (US$46,1 miljard). Het vervoer per hoofd in San Marino was minder dan in Italië (US$812,2). De groei van het transport in San Marino was minder dan in Italië (3,9%).

Vergelijking met leiders. Het transport van San Marino was minder dan in de Verenigde Staten (US$394,9 miljard), in Japan (US$147,7 miljard), in Duitsland (US$56,6 miljard), in Frankrijk (US$56,2 miljard) en in het Verenigd Koninkrijk (US$53,0 miljard). De waarde van het transport per hoofd in San Marino was minder dan in de Verenigde Staten (US$1.649,2), in Japan (US$1.217,8), in Frankrijk (US$993,7), in het Verenigd Koninkrijk (US$938,7) en in Duitsland (US$725,5). De groei van het transport in San Marino was groter dan in Duitsland (1,8%); maar minder dan in Frankrijk (5,4%), in Japan (4,7%), in de Verenigde Staten (3,6%) en in het Verenigd Koninkrijk (3,0%).

de jaren 1990

Het transport van San Marino bedroeg in de jaren 1990 US$28,8 miljoen per jaar, stond op de 186e plaats in de wereld. Het aandeel in de wereld was 0,0012%, en 0,0037% in Europa.

Het aandeel van het transport in de economie van San Marino was 2,8% in de jaren 1990, stond op de 204e plaats in de wereld, en was vergelijkbaar met Burkina Faso (2,8%), Rwanda (2,8%).

De toegevoegde waarde van het transport per hoofd in San Marino was $1.120,7 in de jaren 1990s, stond op de 38e plaats in de wereld, en was vergelijkbaar met Amerika (US$1.104,4). Het vervoer per hoofd in San Marino was in 2,7 keer hoger dan het transport per hoofd van de bevolking in de wereld ($409,5), en was 3,8% hoger dan het transport per hoofd van de bevolking in Europa ($409,5).

De groei van het transport in San Marino bedroeg 5.4% in de jaren 1990, stond op de 70e plaats in de wereld, en was vergelijkbaar met Nieuw-Zeeland (5,4%), Azië (5,4%), Antigua en Barbuda (5,4%). De groei van het transport in San Marino (5,4%) was groter dan de groei van het transport in de wereld (4,0%), was groter dan de groei van het transport in Europa (2,4%).

Vergelijking met buren. De toegevoegde waarde van het transport in San Marino was minder dan in Italië (US$94,2 miljard). De sector van het transport per hoofd in San Marino was minder dan in Italië (US$1.651,1). De groei van het transport in San Marino was groter dan in Italië (4,1%).

Vergelijking met leiders. De toegevoegde waarde van het transport in San Marino was minder dan in de Verenigde Staten (US$702,6 miljard), in Japan (US$373,9 miljard), in Duitsland (US$144,3 miljard), in Frankrijk (US$118,7 miljard) en in het Verenigd Koninkrijk (US$117,6 miljard). Het vervoer per hoofd in San Marino was minder dan in Japan (US$3,0 duizend), in de Verenigde Staten (US$2,7 duizend), in het Verenigd Koninkrijk (US$2,0 duizend), in Frankrijk (US$1.999,2) en in Duitsland (US$1.789,0). De groei van het transport in San Marino was groter dan in de Verenigde Staten (5,0%), in Frankrijk (4,8%), in het Verenigd Koninkrijk (4,7%), in Duitsland (3,9%) en in Japan (3,0%).

de jaren 2000

De waarde van het transport in San Marino bedroeg in de jaren 2000 US$53,9 miljoen per jaar, stond op de 187e plaats in de wereld, en was vergelijkbaar met Samoa (US$53,9 miljoen), Saint Kitts en Nevis (US$52,6 miljoen). Het aandeel in de wereld was 0,0013%, en 0,0040% in Europa.

Het aandeel van het transport in de economie van San Marino was 3,0% in de jaren 2000, stond op de 207e plaats in de wereld.

De toegevoegde waarde van het transport per hoofd in San Marino was $1.849,7 in de jaren 2000s, stond op de 39e plaats in de wereld, en was vergelijkbaar met Europa (US$1.850,1), Nieuw-Zeeland (US$1.867,7), Frans-Polynesië (US$1.876,1). Het transport per hoofd in San Marino was in 3,0 keer hoger dan het transport per hoofd van de bevolking in de wereld ($621,1), en was 0,026% lager dan het transport per hoofd van de bevolking in Europa ($621,1).

De groei van het transport in San Marino bedroeg 2.3% in de jaren 2000, stond op de 164e plaats in de wereld, en was vergelijkbaar met Barbados (2,3%), Grenada (2,3%), Tsjechië (2,3%). De groei van het transport in San Marino (2,3%) was minder dan de groei van het transport in de wereld (3,9%), was minder dan de groei van het transport in Europa (3,1%).

Vergelijking met buren. De waarde van het transport in San Marino was minder dan in Italië (US$151,8 miljard). De waarde van het transport per hoofd in San Marino was minder dan in Italië (US$2,6 duizend). De groei van het transport in San Marino was minder dan in Italië (2,5%).

Vergelijking met leiders. De waarde van het transport in San Marino was minder dan in de Verenigde Staten (US$1,2 biljoen), in Japan (US$468,5 miljard), in Duitsland (US$228,2 miljard), in het Verenigd Koninkrijk (US$215,9 miljard) en in Frankrijk (US$185,6 miljard). De waarde van het transport per hoofd in San Marino was minder dan in de Verenigde Staten (US$4,0 duizend), in Japan (US$3,7 duizend), in het Verenigd Koninkrijk (US$3,6 duizend), in Frankrijk (US$3,0 duizend) en in Duitsland (US$2,8 duizend). De groei van het transport in San Marino was groter dan in Japan (1,5%); maar minder dan in Duitsland (3,4%), in het Verenigd Koninkrijk (3,1%), in de Verenigde Staten (3,1%) en in Frankrijk (2,7%).

de jaren 2010

Het vervoer van San Marino bedroeg in de jaren 2010 US$77,6 miljoen per jaar, stond op de 193e plaats in de wereld, en was vergelijkbaar met de Comoren (US$78,1 miljoen). Het aandeel in de wereld was 0,0012%, en 0,0043% in Europa.

Het aandeel van het transport in de economie van San Marino was 4,8% in de jaren 2010, stond op de 193e plaats in de wereld, en was vergelijkbaar met Swaziland (4,8%), Guinee-Bissau (4,8%).

De waarde van het transport per hoofd in San Marino was $2.361,2 in de jaren 2010s, stond op de 37e plaats in de wereld, en was vergelijkbaar met Estland (US$2,3 duizend), Amerika (US$2,4 duizend), Nieuw-Caledonië (US$2,4 duizend). De sector van het transport per hoofd in San Marino was in 2,7 keer hoger dan het transport per hoofd van de bevolking in de wereld ($864,8), en was 2,5% lager dan het transport per hoofd van de bevolking in Europa ($864,8).

De groei van het transport in San Marino bedroeg 4.7% in de jaren 2010, stond op de 92e plaats in de wereld, en was vergelijkbaar met Honduras (4,7%), Amerika (4,7%), Azië (4,7%). De groei van het transport in San Marino (4,7%) was groter dan de groei van het transport in de wereld (4,0%), was groter dan de groei van het transport in Europa (2,6%).

Vergelijking met buren. De sector van het transport in San Marino was 2.218,8 keer minder dan in Italië (US$172,1 miljard). De waarde van het transport per hoofd in San Marino was 17,4% minder dan in Italië (US$2,9 duizend). De groei van het transport in San Marino was groter dan in Italië (0,10%).

Vergelijking met leiders. Het vervoer van San Marino was 23.050,4 keer minder dan in de Verenigde Staten (US$1,8 biljoen), 6.828,8 keer minder dan in Japan (US$529,8 miljard), 5.983,5 keer minder dan in China (US$464,2 miljard), 3.866,9 keer minder dan in Duitsland (US$300,0 miljard) en 3.322,0 keer minder dan in het Verenigd Koninkrijk (US$257,7 miljard). Het transport per hoofd in San Marino was 7,1 keer groter dan in China (US$331,0); maar 2,4 keer minder dan in de Verenigde Staten (US$5,6 duizend), 43,0% minder dan in Japan (US$4,1 duizend), 39,9% minder dan in het Verenigd Koninkrijk (US$3,9 duizend) en 35,6% minder dan in Duitsland (US$3,7 duizend). De groei van het transport in San Marino was groter dan in het Verenigd Koninkrijk (2,8%), in Duitsland (2,7%) en in Japan (0,81%); maar minder dan in China (7,5%) en in de Verenigde Staten (5,1%).

Hoofdstuk VIII. Handel

Groothandel, detailhandel, restaurants en hotels (ISIC G-H)

De handel van San Marino steeg van US$29,4 miljoen per jaar in de jaren 1970 tot US$248,7 miljoen per jaar in de jaren 2010, dat wil zeggen met US$219,3 miljoen of 8,5 keer. De verandering vond plaats op US$197,1 miljoen als gevolg van een 4,8-voudige stijging van de prijzen, en ook op US$3,1 miljoen als gevolg van een 1,1-voudige toename van de productiviteit , evenals op US$19,0 miljoen als gevolg van de toename van de bevolking. De gemiddelde jaarlijkse groei van de handel is 1,3%. De minimumwaarde van de handel bedroeg US$15,3 miljoen in 1970. De maximumwaarde van de handel bedroeg US$447,7 miljoen in 2008.

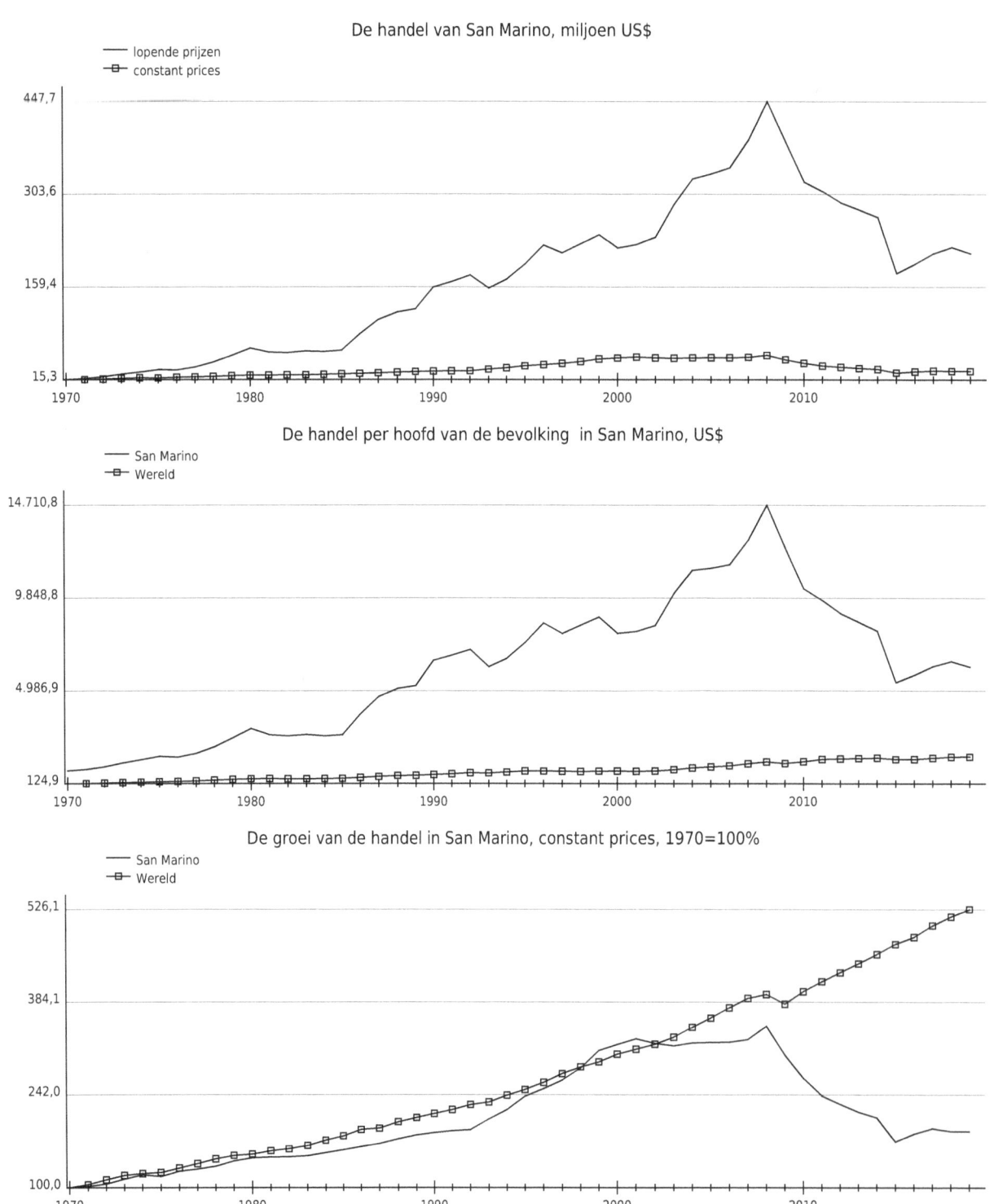

De handel van San Marino, miljoen US$

De handel per hoofd van de bevolking in San Marino, US$

De groei van de handel in San Marino, constant prices, 1970=100%

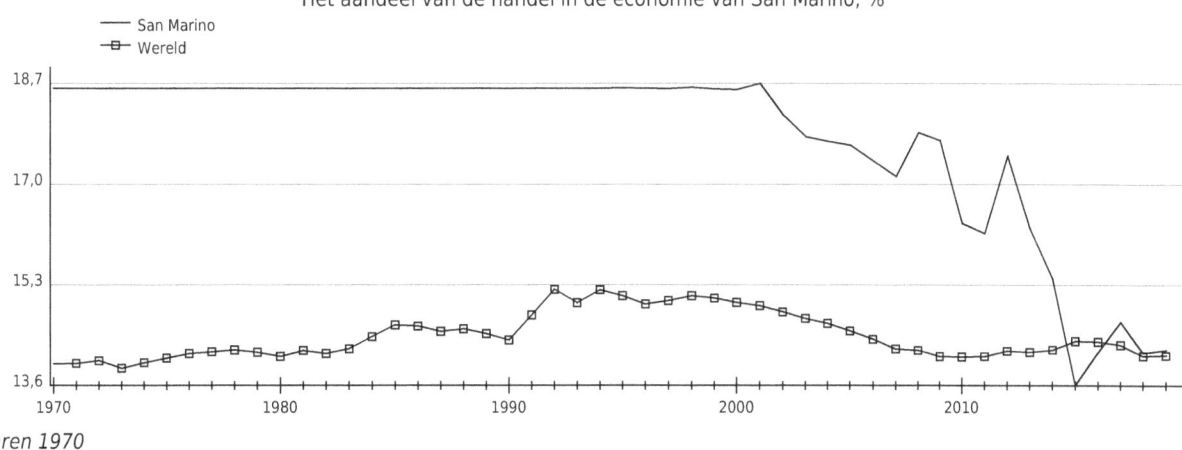

Het aandeel van de handel in de economie van San Marino, %

de jaren 1970

De waarde van de handel in San Marino bedroeg in de jaren 1970 US$29,4 miljoen per jaar, stond op de 150e plaats in de wereld. Het aandeel in de wereld was 0,0033%, en 0,0090% in Europa.

Het aandeel van de handel in de economie van San Marino was 18,6% in de jaren 1970, stond op de 46e plaats in de wereld, en was vergelijkbaar met Suriname (18,5%).

De sector van de handel per hoofd in San Marino was $1.473,5 in de jaren 1970s, stond op de 8e plaats in de wereld. De sector van de handel per hoofd in San Marino was in 6,7 keer hoger dan de handel per hoofd van de bevolking in de wereld ($221,0), en was in 3,3 keer hoger dan de handel per hoofd van de bevolking in Europa ($221,0).

De groei van de handel in San Marino bedroeg 3.8% in de jaren 1970, stond op de 113e plaats in de wereld, en was vergelijkbaar met Italië (3,8%), Mozambique (3,9%), Monaco (3,9%). De groei van de handel in San Marino (3,8%) was minder dan de groei van de handel in de wereld (4,5%), was groter dan de groei van de handel in Europa (3,6%).

Vergelijking met buren. De toegevoegde waarde van de handel in San Marino was minder dan in Italië (US$31,7 miljard). De handel per hoofd in San Marino was groter dan in Italië (US$575,6). De groei van de handel in San Marino was groter dan in Italië (3,8%).

Vergelijking met leiders. De sector van de handel in San Marino was minder dan in de Verenigde Staten (US$278,3 miljard), in Japan (US$90,3 miljard), in de Sovjet-Unie (US$62,3 miljard), in Duitsland (US$61,1 miljard) en   in Frankrijk (US$40,9 miljard). De toegevoegde waarde van de handel per hoofd in San Marino was groter dan in de Verenigde Staten (US$1.275,1), in Japan (US$811,1), in Duitsland (US$775,5), in Frankrijk (US$762,4) en in de Sovjet-Unie (US$247,1). De groei van de handel in San Marino was groter dan in Duitsland (3,0%); maar minder dan in Japan (8,2%), in de Sovjet-Unie (5,2%), in Frankrijk (3,9%) en in de Verenigde Staten (3,9%).

de jaren 1980

De handel van San Marino bedroeg in de jaren 1980 US$80,1 miljoen per jaar, stond op de 149e plaats in de wereld, en was vergelijkbaar met Antigua en Barbuda (US$79,0 miljoen), Laos (US$82,1 miljoen). Het aandeel in de wereld was 0,0038%, en 0,011% in Europa.

Het aandeel van de handel in de economie van San Marino was 18,6% in de jaren 1980, stond op de 49e plaats in de wereld, en was vergelijkbaar met Argentinië (18,7%), Djibouti (18,5%).

De toegevoegde waarde van de handel per hoofd in San Marino was $3.536,4 in de jaren 1980s, stond op de 8e plaats in de wereld. De handel per hoofd in San Marino was in 8,1 keer hoger dan de handel per hoofd van de bevolking in de wereld ($437,7), en was in 3,8 keer hoger dan de handel per hoofd van de bevolking in Europa ($437,7).

De groei van de handel in San Marino bedroeg 2.5% in de jaren 1980, stond op de 103e plaats in de wereld, en was vergelijkbaar met Albanië (2,5%), Rwanda (2,6%). De groei van de handel in San Marino (2,5%) was minder dan de groei van de handel in de wereld (3,3%), was groter dan de groei van de handel in Europa (1,9%).

Vergelijking met buren. De handel van San Marino was minder dan in Italië (US$95,7 miljard). De sector van de handel per hoofd in San Marino was groter dan in Italië (US$1.684,2). De groei van de handel in San Marino was groter dan in Italië (2,3%).

Vergelijking met leiders. De toegevoegde waarde van de handel in San Marino was minder dan in de Verenigde Staten (US$653,3 miljard), in Japan (US$277,3 miljard), in Duitsland (US$116,7 miljard), in de Sovjet-Unie (US$112,3 miljard) en in Italië (US$95,7 miljard). De sector van de handel per hoofd in San Marino was groter dan in de Verenigde Staten (US$2,7 duizend), in Japan (US$2,3 duizend), in Italië (US$1.684,2), in Duitsland (US$1.496,0) en in de Sovjet-Unie (US$408,1). De groei van de handel in San Marino was groter dan in Italië (2,3%), in Duitsland (1,8%) en in de Sovjet-Unie (-0,62%); maar minder dan in Japan (4,9%) en in de Verenigde Staten (4,4%).

de jaren 1990

De toegevoegde waarde van de handel in San Marino bedroeg in de jaren 1990 US$192,9 miljoen per jaar, stond op de 157e plaats in de wereld, en was vergelijkbaar met Mauritanië (US$188,3 miljoen). Het aandeel in de wereld was 0,0047%, en 0,015% in Europa.

Het aandeel van de handel in de economie van San Marino was 18,6% in de jaren 1990, stond op de 58e plaats in de wereld, en was vergelijkbaar met Papoea-Nieuw-Guinea (18,6%), Zuidoost-Azië (18,5%), Polen (18,5%).

De sector van de handel per hoofd in San Marino was $7.509,0 in de jaren 1990s, stond op de 4e plaats in de wereld. De toegevoegde waarde van de handel per hoofd in San Marino was in 10,4 keer hoger dan de handel per hoofd van de bevolking in de wereld ($721,8), en was in 4,2 keer hoger dan de handel per hoofd van de bevolking in Europa ($721,8).

De groei van de handel in San Marino bedroeg 5.5% in de jaren 1990, stond op de 37e plaats in de wereld. De groei van de handel in San Marino (5,5%) was groter dan de groei van de handel in de wereld (3,5%), was groter dan de groei van de handel in Europa (2,0%).

Vergelijking met buren. De sector van de handel in San Marino was minder dan in Italië (US$185,6 miljard). De sector van de handel per hoofd in San Marino was groter dan in Italië (US$3,3 duizend). De groei van de handel in San Marino was groter dan in Italië (1,9%).

Vergelijking met leiders. De sector van de handel in San Marino was minder dan in de Verenigde Staten (US$1,2 biljoen), in Japan (US$713,2 miljard), in Duitsland (US$243,7 miljard), in Italië (US$185,6 miljard) en in Frankrijk (US$177,0 miljard). De toegevoegde waarde van de handel per hoofd in San Marino was groter dan in Japan (US$5,7 duizend), in de Verenigde Staten (US$4,4 duizend), in Italië (US$3,3 duizend), in Duitsland (US$3,0 duizend) en in Frankrijk (US$3,0 duizend). De groei van de handel in San Marino was groter dan in de Verenigde Staten (4,3%), in Japan (3,8%), in Duitsland (2,5%), in Frankrijk (2,4%) en in Italië (1,9%).

de jaren 2000

De toegevoegde waarde van de handel in San Marino bedroeg in de jaren 2000 US$319,6 miljoen per jaar, stond op de 166e plaats in de wereld. Het aandeel in de wereld was 0,0050%, en 0,016% in Europa.

Het aandeel van de handel in de economie van San Marino was 17,8% in de jaren 2000, stond op de 63e plaats in de wereld, en was vergelijkbaar met Georgië (17,8%), de Comoren (17,8%), Saint Vincent en de Grenadines (17,8%).

De sector van de handel per hoofd in San Marino was $10.972,4 in de jaren 2000s, stond op de 3e plaats in de wereld, en was vergelijkbaar met de Britse Maagdeneilanden (US$11,0 duizend). De handel per hoofd in San Marino was in 11,1 keer hoger dan de handel per hoofd van de bevolking in de wereld ($990,3), en was in 4,0 keer hoger dan de handel per hoofd van de bevolking in Europa ($990,3).

De groei van de handel in San Marino bedroeg -0.2% in de jaren 2000, stond op de 197e plaats in de wereld. De groei van de handel in San Marino (-0,23%) was minder dan de groei van de handel in de wereld (2,7%), was minder dan de groei van de handel in Europa (2,2%).

Vergelijking met buren. De toegevoegde waarde van de handel in San Marino was minder dan in Italië (US$244,3 miljard). De waarde van de handel per hoofd in San Marino was groter dan in Italië (US$4,2 duizend). De groei van de handel in San Marino was minder dan in Italië (0,45%).

Vergelijking met leiders. De sector van de handel in San Marino was minder dan in de Verenigde Staten (US$1,9 biljoen), in Japan (US$771,8 miljard), in Duitsland (US$296,0 miljard), in het Verenigd Koninkrijk (US$293,5 miljard) en in China (US$262,0 miljard). De handel per hoofd in San Marino was groter dan in de Verenigde Staten (US$6,4 duizend), in Japan (US$6,0 duizend), in het Verenigd Koninkrijk (US$4,9 duizend), in Duitsland (US$3,6 duizend) en in China (US$197,5). De groei van de handel in San Marino was groter dan in Japan (-0,77%); maar minder dan in China (11,9%), in Duitsland (1,7%), in het Verenigd Koninkrijk (1,3%) en in de Verenigde

Staten (1,1%).

de jaren 2010

De handel van San Marino bedroeg in de jaren 2010 US$248,7 miljoen per jaar, stond op de 184e plaats in de wereld. Het aandeel in de wereld was 0,0024%, en 0,0092% in Europa.

Het aandeel van de handel in de economie van San Marino was 15,4% in de jaren 2010, stond op de 109e plaats in de wereld, en was vergelijkbaar met Vietnam (15,4%), Egypte (15,4%), Afrika (15,5%).

De toegevoegde waarde van de handel per hoofd in San Marino was $7.567,7 in de jaren 2010s, stond op de 14e plaats in de wereld, en was vergelijkbaar met Oostenrijk (US$7,5 duizend). De waarde van de handel per hoofd in San Marino was in 5,3 keer hoger dan de handel per hoofd van de bevolking in de wereld ($1.436,8), en was in 2,1 keer hoger dan de handel per hoofd van de bevolking in Europa ($1.436,8).

De groei van de handel in San Marino bedroeg -4.7% in de jaren 2010, stond op de 205e plaats in de wereld. De groei van de handel in San Marino (-4,7%) was minder dan de groei van de handel in de wereld (3,3%), was minder dan de groei van de handel in Europa (2,0%).

Vergelijking met buren. De handel van San Marino was 1.134,8 keer minder dan in Italië (US$282,2 miljard). De sector van de handel per hoofd in San Marino was 61,6% groter dan in Italië (US$4,7 duizend). De groei van de handel in San Marino was minder dan in Italië (1,6%).

Vergelijking met leiders. De toegevoegde waarde van de handel in San Marino was 10.518,0 keer minder dan in de Verenigde Staten (US$2,6 biljoen), 4.803,2 keer minder dan in China (US$1,2 biljoen), 3.496,8 keer minder dan in Japan (US$869,5 miljard), 1.498,4 keer minder dan in Duitsland (US$372,6 miljard) en 1.327,0 keer minder dan in het Verenigd Koninkrijk (US$330,0 miljard). De sector van de handel per hoofd in San Marino was 11,3% groter dan in Japan (US$6,8 duizend), 50,4% groter dan in het Verenigd Koninkrijk (US$5,0 duizend), 66,3% groter dan in Duitsland (US$4,6 duizend) en 8,9 keer groter dan in China (US$851,7); maar 7,6% minder dan in de Verenigde Staten (US$8,2 duizend). De groei van de handel in San Marino was minder dan in China (8,9%), in het Verenigd Koninkrijk (2,8%), in de Verenigde Staten (2,3%), in Duitsland (2,0%) en in Japan (0,77%).

Hoofdstuk IX. Diensten

(ISIC J-P)

De toegevoegde waarde van de diensten in San Marino steeg van US$59,6 miljoen per jaar in de jaren 1970 tot US$720,5 miljoen per jaar in de jaren 2010, dat wil zeggen met US$660,9 miljoen of 12,1 keer. De verandering vond plaats op US$573,4 miljoen als gevolg van een 4,9-voudige stijging van de prijzen, en ook op US$48,9 miljoen als gevolg van een 1,5-voudige toename van de productiviteit , evenals op US$38,5 miljoen als gevolg van de toename van de bevolking. De gemiddelde jaarlijkse groei van de diensten is 1,9%. De minimumwaarde van de diensten bedroeg US$31,0 miljoen in 1970. De maximumwaarde van de diensten bedroeg US$1,0 miljard in 2008.

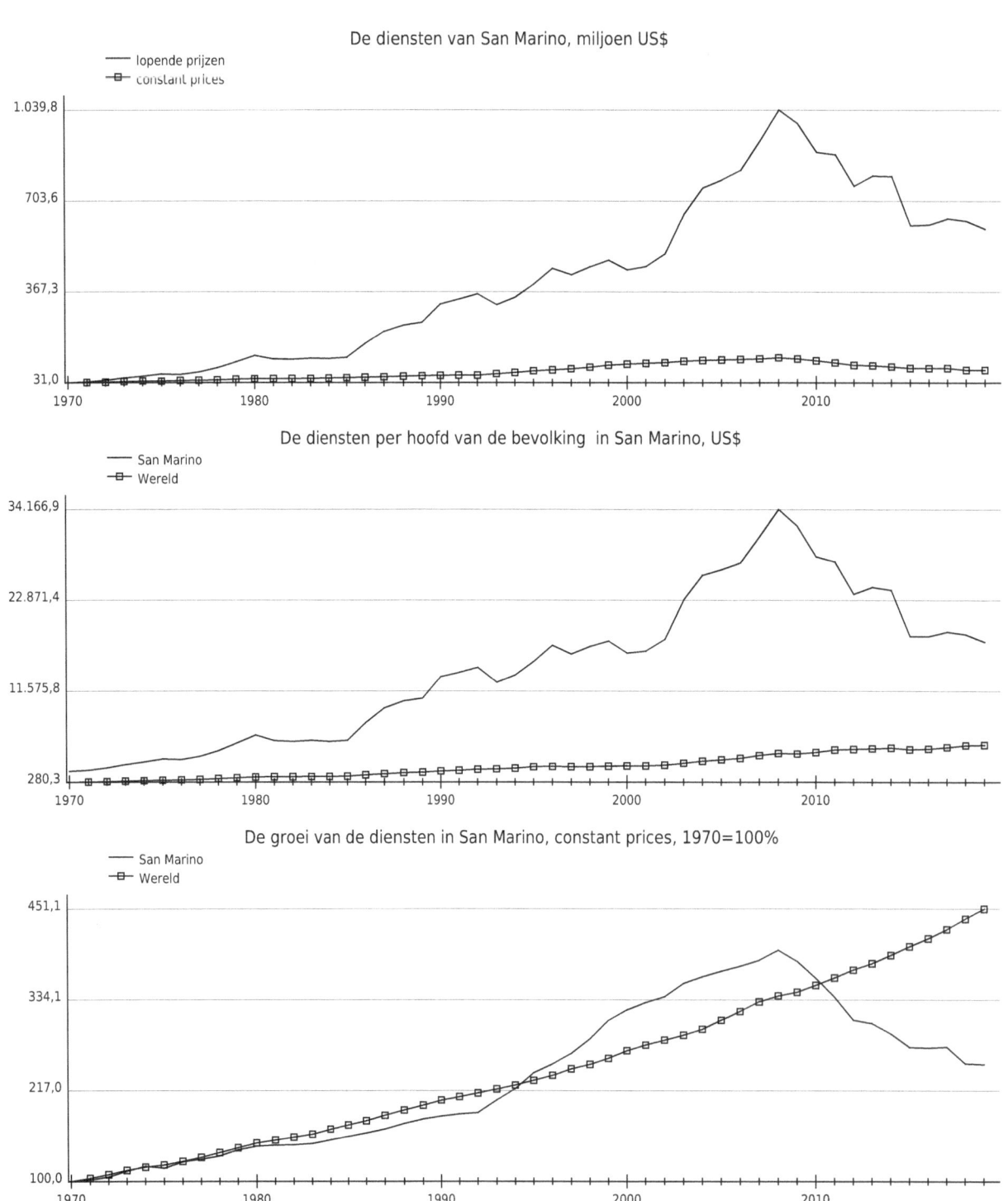

De diensten van San Marino, miljoen US$

De diensten per hoofd van de bevolking in San Marino, US$

De groei van de diensten in San Marino, constant prices, 1970=100%

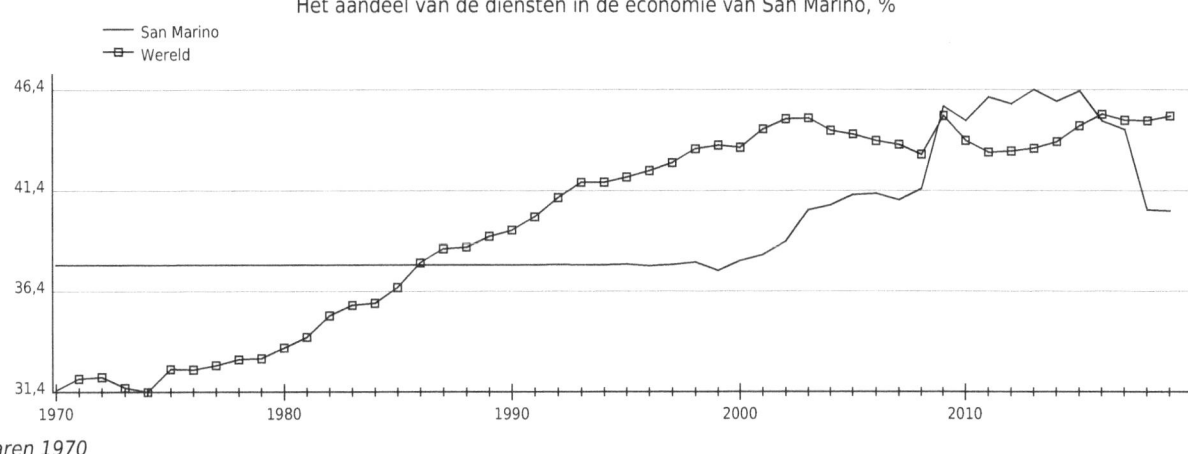

Het aandeel van de diensten in de economie van San Marino, %

de jaren 1970

De diensten van San Marino bedroegen in de jaren 1970 US$59,6 miljoen per jaar, stonden op de 149e plaats in de wereld, en waren vergelijkbaar met de Kaaimaneilanden (US$58,2 miljoen). Het aandeel in de wereld was 0,0029%, en 0,0073% in Europa.

Het aandeel van de diensten in de economie van San Marino was 37,7% in de jaren 1970, stonden op de 34e plaats in de wereld, en was vergelijkbaar met Amerika (37,7%), Monaco (37,8%), Palestina (37,9%).

De waarde van de diensten per hoofd in San Marino was $2.986,8 in de jaren 1970s, stond op de 7e plaats in de wereld, en was vergelijkbaar met Noord-Amerika (US$3,0 duizend). De diensten per hoofd in San Marino waren in 5,9 keer hoger dan de diensten per hoofd van de bevolking in de wereld ($506,9), en waren in 2,6 keer hoger dan de diensten per hoofd van de bevolking in Europa ($506,9).

De groei van de diensten in San Marino bedroeg 3.8% in de jaren 1970, stond op de 123e plaats in de wereld, en was vergelijkbaar met Noorwegen (3,8%), Sri Lanka (3,8%), Mozambique (3,9%). De groei van de diensten in San Marino (3,8%) was minder dan de groei van de diensten in de wereld (4,1%), was groter dan de groei van de diensten in Europa (3,7%).

Vergelijking met buren. De sector van de diensten in San Marino was minder dan in Italië (US$66,4 miljard). De toegevoegde waarde van de diensten per hoofd in San Marino was groter dan in Italië (US$1.207,9). De groei van de diensten in San Marino was groter dan in Italië (3,5%).

Vergelijking met leiders. De sector van de diensten in San Marino was minder dan in de Verenigde Staten (US$674,4 miljard), in de Sovjet-Unie (US$168,3 miljard), in Japan (US$153,8 miljard), in Duitsland (US$150,2 miljard) en in Frankrijk (US$121,8 miljard). De toegevoegde waarde van de diensten per hoofd in San Marino was groter dan in Frankrijk (US$2,3 duizend), in Duitsland (US$1.907,6), in Japan (US$1.381,3) en in de Sovjet-Unie (US$667,3); maar minder dan in de Verenigde Staten (US$3,1 duizend). De groei van de diensten in San Marino was groter dan in de Verenigde Staten (3,3%) en in de Sovjet-Unie (0,90%); maar minder dan in Japan (5,9%), in Duitsland (4,8%) en in Frankrijk (3,9%).

de jaren 1980

De toegevoegde waarde van de diensten in San Marino bedroeg in de jaren 1980 US$162,4 miljoen per jaar, stond op de 148e plaats in de wereld, en was vergelijkbaar met Guyana (US$160,7 miljoen). Het aandeel in de wereld was 0,0030%, en 0,0086% in Europa.

Het aandeel van de diensten in de economie van San Marino was 37,7% in de jaren 1980, stond op de 47e plaats in de wereld, en was vergelijkbaar met Papoea-Nieuw-Guinea (37,8%), Monaco (37,8%), Palestina (37,9%).

De toegevoegde waarde van de diensten per hoofd in San Marino was $7.168,3 in de jaren 1980s, stond op de 7e plaats in de wereld. De sector van de diensten per hoofd in San Marino was in 6,4 keer hoger dan de diensten per hoofd van de bevolking in de wereld ($1.115,5), en was in 2,9 keer hoger dan de diensten per hoofd van de bevolking in Europa ($1.115,5).

De groei van de diensten in San Marino bedroeg 2.5% in de jaren 1980, stond op de 128e plaats in de wereld, en was vergelijkbaar met Albanië (2,5%), Burundi (2,5%). De groei van de diensten in San Marino (2,5%) was minder dan de groei van de diensten in de wereld (3,3%), was minder dan de groei van de diensten in Europa (3,0%).

Vergelijking met buren. De diensten van San Marino waren minder dan in Italië (US$203,1 miljard). De toegevoegde waarde van de diensten per hoofd in San Marino was groter dan in Italië (US$3,6 duizend). De groei van de diensten in San Marino was minder dan in Italië (3,3%).

Vergelijking met leiders. De toegevoegde waarde van de diensten in San Marino was minder dan in de Verenigde Staten (US$1,9 biljoen), in Japan (US$619,9 miljard), in Duitsland (US$362,2 miljard), in Frankrijk (US$294,5 miljard) en in het Verenigd Koninkrijk (US$265,4 miljard). De diensten per hoofd in San Marino waren groter dan in Frankrijk (US$5,2 duizend), in Japan (US$5,1 duizend), in het Verenigd Koninkrijk (US$4,7 duizend) en in Duitsland (US$4,6 duizend); maar minder dan in de Verenigde Staten (US$7,8 duizend). De groei van de diensten in San Marino was groter dan in Frankrijk (2,3%); maar minder dan in Japan (4,8%), in het Verenigd Koninkrijk (3,3%), in Duitsland (3,1%) en in de Verenigde Staten (2,8%).

de jaren 1990

De diensten van San Marino bedroegen in de jaren 1990 US$390,8 miljoen per jaar, stonden op de 154e plaats in de wereld. Het aandeel in de wereld was 0,0034%, en 0,010% in Europa.

Het aandeel van de diensten in de economie van San Marino was 37,7% in de jaren 1990, stonden op de 67e plaats in de wereld, en was vergelijkbaar met Ierland (37,7%), Monaco (37,8%), Japan (37,5%).

De waarde van de diensten per hoofd in San Marino was $15.211,4 in de jaren 1990s, stond op de 7e plaats in de wereld. De toegevoegde waarde van de diensten per hoofd in San Marino was in 7,6 keer hoger dan de diensten per hoofd van de bevolking in de wereld ($2.014,6), en was in 2,9 keer hoger dan de diensten per hoofd van de bevolking in Europa ($2.014,6).

De groei van de diensten in San Marino bedroeg 5.5% in de jaren 1990, stond op de 39e plaats in de wereld, en was vergelijkbaar met Jemen (5,5%), Myanmar (5,5%). De groei van de diensten in San Marino (5,5%) was groter dan de groei van de diensten in de wereld (2,7%), was groter dan de groei van de diensten in Europa (2,1%).

Vergelijking met buren. De waarde van de diensten in San Marino was minder dan in Italië (US$465,4 miljard). De diensten per hoofd in San Marino waren groter dan in Italië (US$8,2 duizend). De groei van de diensten in San Marino was groter dan in Italië (1,1%).

Vergelijking met leiders. De diensten van San Marino waren minder dan in de Verenigde Staten (US$3,8 biljoen), in Japan (US$1,6 biljoen), in Duitsland (US$908,0 miljard), in Frankrijk (US$628,2 miljard) en in het Verenigd Koninkrijk (US$592,3 miljard). De sector van de diensten per hoofd in San Marino was groter dan in de Verenigde Staten (US$14,4 duizend), in Japan (US$12,8 duizend), in Duitsland (US$11,3 duizend), in Frankrijk (US$10,6 duizend) en in het Verenigd Koninkrijk (US$10,2 duizend). De groei van de diensten in San Marino was groter dan in Duitsland (3,2%), in het Verenigd Koninkrijk (3,0%), in de Verenigde Staten (2,3%), in Japan (1,7%) en in Frankrijk (1,6%).

de jaren 2000

De sector van de diensten in San Marino bedroeg in de jaren 2000 US$737,4 miljoen per jaar, stond op de 159e plaats in de wereld, en was vergelijkbaar met Montenegro (US$755,4 miljoen). Het aandeel in de wereld was 0,0038%, en 0,011% in Europa.

Het aandeel van de diensten in de economie van San Marino was 41,0% in de jaren 2000, stond op de 66e plaats in de wereld, en was vergelijkbaar met Zuidelijk Afrika (41,2%), Fiji (40,8%), Spanje (40,8%).

De toegevoegde waarde van de diensten per hoofd in San Marino was $25.314,2 in de jaren 2000s, stond op de 6e plaats in de wereld, en was vergelijkbaar met de Britse Maagdeneilanden (US$25,1 duizend), Zwitserland (US$24,9 duizend). De diensten per hoofd in San Marino waren in 8,4 keer hoger dan de diensten per hoofd van de bevolking in de wereld ($3.011,2), en waren in 2,9 keer hoger dan de diensten per hoofd van de bevolking in Europa ($3.011,2).

De groei van de diensten in San Marino bedroeg 2.2% in de jaren 2000, stond op de 163e plaats in de wereld, en was vergelijkbaar met de Seychellen (2,2%). De groei van de diensten in San Marino (2,2%) was minder dan de groei van de diensten in de wereld (2,9%), was groter dan de groei van de diensten in Europa (2,0%).

Vergelijking met buren. De toegevoegde waarde van de diensten in San Marino was minder dan in Italië (US$737,3 miljard). De waarde van de diensten per hoofd in San Marino was groter dan in Italië (US$12,7 duizend). De groei van de diensten in San Marino was groter dan in Italië (0,93%).

Vergelijking met leiders. De toegevoegde waarde van de diensten in San Marino was minder dan in de Verenigde Staten (US$6,7 biljoen), in Japan (US$2,0 biljoen), in Duitsland (US$1,2 biljoen), in het Verenigd Koninkrijk (US$1,1 biljoen) en in Frankrijk (US$997,0 miljard). De toegevoegde waarde van de diensten per hoofd in San Marino was groter dan in de Verenigde Staten (US$22,9 duizend), in het Verenigd Koninkrijk (US$18,0 duizend), in Frankrijk (US$15,9 duizend), in Japan (US$15,3 duizend) en in Duitsland (US$15,0 duizend). De groei van de diensten in San Marino was groter dan in de Verenigde Staten (2,0%), in Frankrijk (1,5%), in Japan (1,2%) en in Duitsland (0,57%); maar minder dan in het Verenigd Koninkrijk (2,7%).

de jaren 2010

De diensten van San Marino bedroegen in de jaren 2010 US$720,5 miljoen per jaar, stonden op de 175e plaats in de wereld. Het aandeel in de wereld was 0,0022%, en 0,0079% in Europa.

Het aandeel van de diensten in de economie van San Marino was 44,6% in de jaren 2010, stonden op de 52e plaats in de wereld, en was vergelijkbaar met Saint Kitts en Nevis (44,5%), Uruguay (44,4%), de Wereld (44,3%).

De sector van de diensten per hoofd in San Marino was $21.926,9 in de jaren 2010s, stond op de 20e plaats in de wereld, en was vergelijkbaar met België (US$21,5 duizend). De diensten per hoofd in San Marino waren in 4,9 keer hoger dan de diensten per hoofd van de bevolking in de wereld ($4.467,8), en waren 79,5% hoger dan de diensten per hoofd van de bevolking in Europa ($4.467,8).

De groei van de diensten in San Marino bedroeg -4.2% in de jaren 2010, stond op de 206e plaats in de wereld. De groei van de diensten in San Marino (-4,2%) was minder dan de groei van de diensten in de wereld (2,7%), was minder dan de groei van de diensten in Europa (1,3%).

Vergelijking met buren. De sector van de diensten in San Marino was 1.270,1 keer minder dan in Italië (US$915,1 miljard). De waarde van de diensten per hoofd in San Marino was 44,4% groter dan in Italië (US$15,2 duizend). De groei van de diensten in San Marino was minder dan in Italië (0,083%).

Vergelijking met leiders. De sector van de diensten in San Marino was 13.817,0 keer minder dan in de Verenigde Staten (US$10,0 biljoen), 4.923,0 keer minder dan in China (US$3,5 biljoen), 3.155,4 keer minder dan in Japan (US$2,3 biljoen), 2.231,1 keer minder dan in Duitsland (US$1,6 biljoen) en 1.881,3 keer minder dan in het Verenigd Koninkrijk (US$1,4 biljoen). De diensten per hoofd in San Marino waren 6,1% groter dan in het Verenigd Koninkrijk (US$20,7 duizend), 11,7% groter dan in Duitsland (US$19,6 duizend), 23,4% groter dan in Japan (US$17,8 duizend) en 8,7 keer groter dan in China (US$2,5 duizend); maar 29,6% minder dan in de Verenigde Staten (US$31,2 duizend). De groei van de diensten in San Marino was minder dan in China (8,4%), in de Verenigde Staten (1,8%), in het Verenigd Koninkrijk (1,7%), in Duitsland (1,2%) en in Japan (0,99%).

Part III. Externe betrekkingen

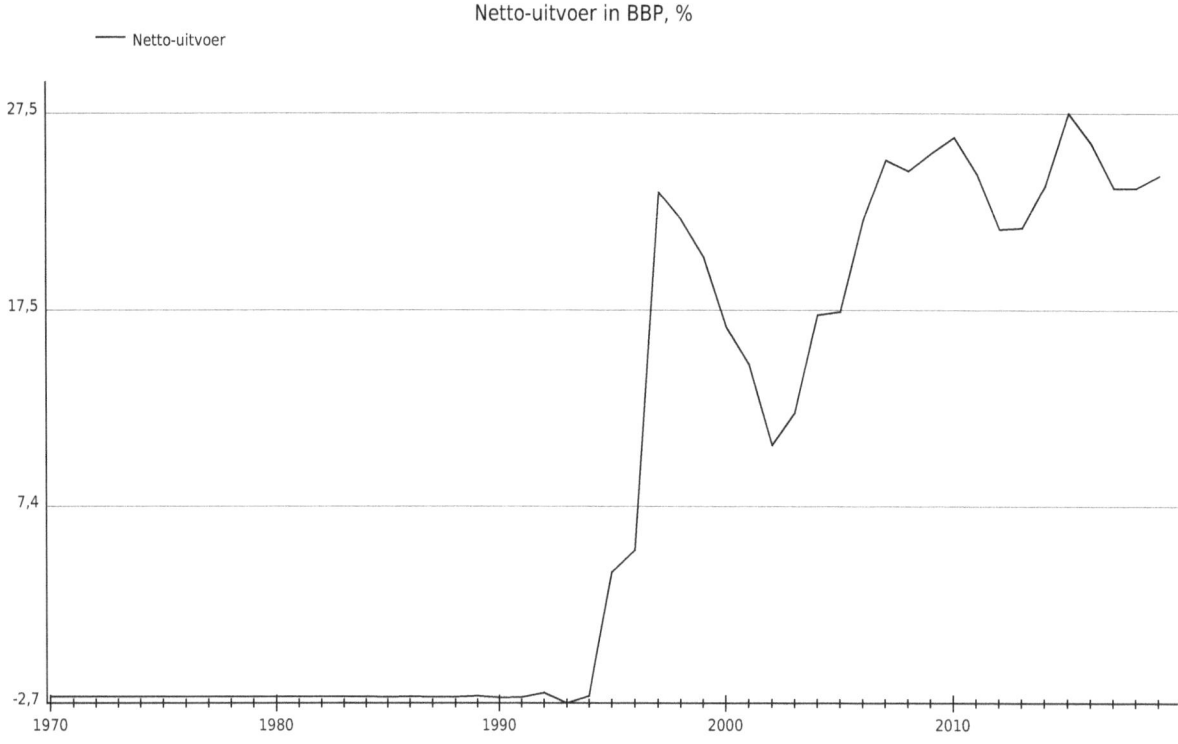

Netto-uitvoer in BBP, %

Hoofdstuk X. Uitvoer

Uitvoer van goederen en diensten

De uitvoer van San Marino steeg van US$438,1 miljoen per jaar in de jaren 1970 tot US$3,1 miljard per jaar in de jaren 2010, dat wil zeggen met US$2,6 miljard of 7,0 keer. De verandering vond plaats op US$2,4 miljard als gevolg van een 4,8-voudige stijging van de prijzen, en ook op -US$80,1 miljoen als gevolg van een 1,1-voudige afname van het tarief per hoofd , evenals op US$283,4 miljoen als gevolg van de toename van de bevolking. De gemiddelde jaarlijkse groei van de export is 0,98%. De minimumwaarde van de export bedroeg US$228,2 miljoen in 1970. De maximumwaarde van de export bedroeg US$6,1 miljard in 2008.

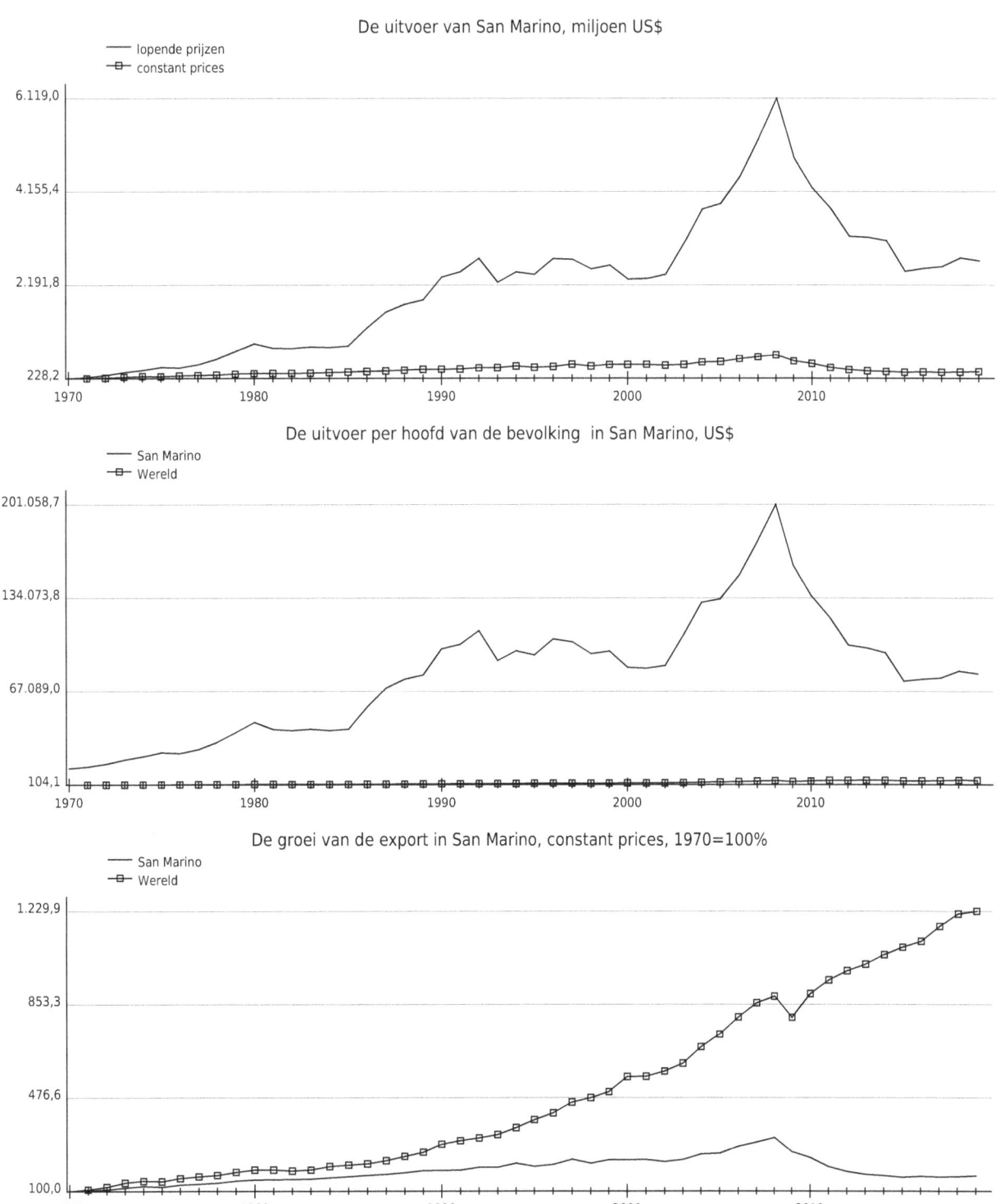

De uitvoer van San Marino, miljoen US$

De uitvoer per hoofd van de bevolking in San Marino, US$

De groei van de export in San Marino, constant prices, 1970=100%

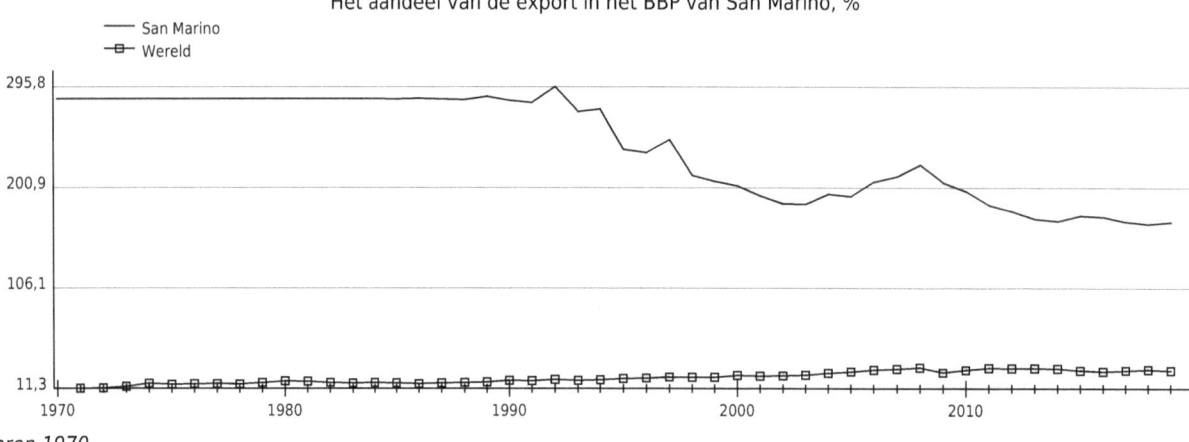

Het aandeel van de export in het BBP van San Marino, %

de jaren 1970

De waarde van de export in San Marino bedroeg in de jaren 1970 US$438,1 miljoen per jaar, stond op de 98e plaats in de wereld, en was vergelijkbaar met Jordanië (US$431,3 miljoen). Het aandeel in de wereld was 0,045%, en 0,093% in Europa.

Het aandeel van de export in het BBP van San Marino was 284,5% in de jaren 1970, stond op de 1e plaats in de wereld.

De waarde van de export per hoofd in San Marino was $21.957,0 in de jaren 1970s, stond op de 1e plaats in de wereld. De waarde van de export per hoofd in San Marino was in 90,7 keer hoger dan de export per hoofd van de bevolking in de wereld ($242,1), en was in 34,0 keer hoger dan de export per hoofd van de bevolking in Europa ($242,1).

De groei van de export in San Marino bedroeg 3.8% in de jaren 1970, stond op de 122e plaats in de wereld, en was vergelijkbaar met Mozambique (3,8%), Libanon (3,9%). De groei van de export in San Marino (3,8%) was minder dan de groei van de export in de wereld (6,5%), was minder dan de groei van de export in Europa (6,1%).

Vergelijking met buren. De uitvoer van San Marino was minder dan in Italië (US$42,5 miljard). De waarde van de export per hoofd in San Marino was groter dan in Italië (US$772,3). De groei van de export in San Marino was minder dan in Italië (8,0%).

Vergelijking met leiders. De waarde van de export in San Marino was minder dan in de Verenigde Staten (US$128,0 miljard), in Duitsland (US$82,9 miljard), in Frankrijk (US$64,3 miljard), in Japan (US$64,1 miljard) en in het Verenigd Koninkrijk (US$61,3 miljard). De waarde van de export per hoofd in San Marino was groter dan in Frankrijk (US$1.199,1), in het Verenigd Koninkrijk (US$1.094,1), in Duitsland (US$1.052,2), in de Verenigde Staten (US$586,5) en in Japan (US$575,8). De groei van de export in San Marino was minder dan in Japan (8,6%), in Frankrijk (7,8%), in de Verenigde Staten (6,8%), in Duitsland (5,1%) en in het Verenigd Koninkrijk (5,0%).

de jaren 1980

De waarde van de export in San Marino bedroeg in de jaren 1980 US$1,2 miljard per jaar, stond op de 93e plaats in de wereld, en was vergelijkbaar met Congo (US$1,2 miljard). Het aandeel in de wereld was 0,047%, en 0,10% in Europa.

Het aandeel van de export in het BBP van San Marino was 284,7% in de jaren 1980, stond op de 1e plaats in de wereld.

De waarde van de export per hoofd in San Marino was $52.735,6 in de jaren 1980s, stond op de 1e plaats in de wereld. De waarde van de export per hoofd in San Marino was in 99,5 keer hoger dan de export per hoofd van de bevolking in de wereld ($529,9), en was in 34,7 keer hoger dan de export per hoofd van de bevolking in Europa ($529,9).

De groei van de export in San Marino bedroeg 2.6% in de jaren 1980, stond op de 122e plaats in de wereld. De groei van de export in San Marino (2,6%) was minder dan de groei van de export in de wereld (3,8%), was minder dan de groei van de export in Europa (4,0%).

Vergelijking met buren. De waarde van de export in San Marino was minder dan in Italië (US$115,1 miljard). De uitvoer per hoofd in San Marino was groter dan in Italië (US$2,0 duizend). De groei van de export in San Marino was minder dan in Italië (3,1%).

Vergelijking met leiders. De uitvoer van San Marino was minder dan in de Verenigde Staten (US$338,6 miljard), in Japan (US$210,6 miljard), in Duitsland (US$208,1 miljard), in Frankrijk (US$155,9 miljard) en in het Verenigd Koninkrijk (US$155,0 miljard). De uitvoer per hoofd in San Marino was groter dan in Frankrijk (US$2,8 duizend), in het Verenigd Koninkrijk (US$2,7 duizend), in Duitsland

(US$2,7 duizend), in Japan (US$1.736,5) en in de Verenigde Staten (US$1.413,8). De groei van de export in San Marino was minder dan in Japan (6,7%), in de Verenigde Staten (5,7%), in Duitsland (4,7%), in Frankrijk (4,0%) en in het Verenigd Koninkrijk (3,0%).

de jaren 1990

De waarde van de export in San Marino bedroeg in de jaren 1990 US$2,5 miljard per jaar, stond op de 101e plaats in de wereld, en was vergelijkbaar met Kenia (US$2,5 miljard), Congo-Kinshasa (US$2,5 miljard), Honduras (US$2,5 miljard). Het aandeel in de wereld was 0,043%, en 0,091% in Europa.

Het aandeel van de export in het BBP van San Marino was 250,2% in de jaren 1990, stond op de 1e plaats in de wereld.

De uitvoer per hoofd in San Marino was $98.430,8 in de jaren 1990s, stond op de 1e plaats in de wereld. De uitvoer per hoofd in San Marino was in 95,6 keer hoger dan de export per hoofd van de bevolking in de wereld ($1.029,5), en was in 25,8 keer hoger dan de export per hoofd van de bevolking in Europa ($1.029,5).

De groei van de export in San Marino bedroeg 2.2% in de jaren 1990, stond op de 153e plaats in de wereld, en was vergelijkbaar met Madagaskar (2,2%). De groei van de export in San Marino (2,2%) was minder dan de groei van de export in de wereld (6,9%), was minder dan de groei van de export in Europa (6,5%).

Vergelijking met buren. De waarde van de export in San Marino was minder dan in Italië (US$261,4 miljard). De waarde van de export per hoofd in San Marino was groter dan in Italië (US$4,6 duizend). De groei van de export in San Marino was minder dan in Italië (4,9%).

Vergelijking met leiders. De waarde van de export in San Marino was minder dan in de Verenigde Staten (US$773,6 miljard), in Duitsland (US$509,0 miljard), in Japan (US$418,7 miljard), in Frankrijk (US$329,8 miljard) en in het Verenigd Koninkrijk (US$324,3 miljard). De uitvoer per hoofd in San Marino was groter dan in Duitsland (US$6,3 duizend), in het Verenigd Koninkrijk (US$5,6 duizend), in Frankrijk (US$5,6 duizend), in Japan (US$3,3 duizend) en in de Verenigde Staten (US$2,9 duizend). De groei van de export in San Marino was minder dan in de Verenigde Staten (7,2%), in Frankrijk (6,5%), in Duitsland (6,0%), in het Verenigd Koninkrijk (5,7%) en in Japan (4,2%).

de jaren 2000

De waarde van de export in San Marino bedroeg in de jaren 2000 US$3,9 miljard per jaar, stond op de 113e plaats in de wereld, en was vergelijkbaar met Cambodja (US$3,9 miljard), Mauritius (US$3,8 miljard), El Salvador (US$3,8 miljard). Het aandeel in de wereld was 0,031%, en 0,069% in Europa.

Het aandeel van de export in het BBP van San Marino was 202,4% in de jaren 2000, stond op de 2e plaats in de wereld.

De uitvoer per hoofd in San Marino was $132.248,1 in de jaren 2000s, stond op de 1e plaats in de wereld, en was vergelijkbaar met Luxemburg (US$132,1 duizend). De waarde van de export per hoofd in San Marino was in 68,4 keer hoger dan de export per hoofd van de bevolking in de wereld ($1.933,7), en was in 17,3 keer hoger dan de export per hoofd van de bevolking in Europa ($1.933,7).

De groei van de export in San Marino bedroeg 1.4% in de jaren 2000, stond op de 168e plaats in de wereld, en was vergelijkbaar met Oman (1,4%). De groei van de export in San Marino (1,4%) was minder dan de groei van de export in de wereld (4,8%), was minder dan de groei van de export in Europa (3,8%).

Vergelijking met buren. De waarde van de export in San Marino was minder dan in Italië (US$440,9 miljard). De uitvoer per hoofd in San Marino was groter dan in Italië (US$7,6 duizend). De groei van de export in San Marino was groter dan in Italië (1,0%).

Vergelijking met leiders. De uitvoer van San Marino was minder dan in de Verenigde Staten (US$1,3 biljoen), in Duitsland (US$1,0 biljoen), in China (US$780,2 miljard), in Japan (US$626,3 miljard) en in het Verenigd Koninkrijk (US$591,1 miljard). De uitvoer per hoofd in San Marino was groter dan in Duitsland (US$12,8 duizend), in het Verenigd Koninkrijk (US$9,8 duizend), in Japan (US$4,9 duizend), in de Verenigde Staten (US$4,5 duizend) en in China (US$588,1). De groei van de export in San Marino was minder dan in China (12,7%), in Duitsland (5,0%), in Japan (3,5%), in de Verenigde Staten (3,3%) en in het Verenigd Koninkrijk (2,8%).

de jaren 2010

De uitvoer van San Marino bedroeg in de jaren 2010 US$3,1 miljard per jaar, stond op de 143e plaats in de wereld, en was vergelijkbaar met de Maldiven (US$3,1 miljard), Djibouti (US$3,0 miljard). Het aandeel in de wereld was 0,013%, en 0,034% in Europa.

Het aandeel van de export in het BBP van San Marino was 176,2% in de jaren 2010, stond op de 4e plaats in de wereld.

De waarde van de export per hoofd in San Marino was $93.150,1 in de jaren 2010s, stond op de 4e plaats in de wereld. De waarde van de export per hoofd in San Marino was in 30,1 keer hoger dan de export per hoofd van de bevolking in de wereld ($3.098,9), en was in 7,7 keer hoger dan de export per hoofd van de bevolking in Europa ($3.098,9).

De groei van de export in San Marino bedroeg -4.6% in de jaren 2010, stond op de 205e plaats in de wereld. De groei van de export in San Marino (-4,6%) was minder dan de groei van de export in de wereld (4,4%), was minder dan de groei van de export in Europa (4,4%).

Vergelijking met buren. De waarde van de export in San Marino was 195,1 keer minder dan in Italië (US$597,1 miljard). De uitvoer per hoofd in San Marino was 9,4 keer groter dan in Italië (US$9,9 duizend). De groei van de export in San Marino was minder dan in Italië (3,6%).

Vergelijking met leiders. De uitvoer van San Marino was 749,3 keer minder dan in China (US$2,3 biljoen), 741,5 keer minder dan in de Verenigde Staten (US$2,3 biljoen), 549,9 keer minder dan in Duitsland (US$1,7 biljoen), 280,8 keer minder dan in Japan (US$859,4 miljard) en 266,3 keer minder dan in het Verenigd Koninkrijk (US$815,1 miljard). De uitvoer per hoofd in San Marino was 4,5 keer groter dan in Duitsland (US$20,6 duizend), 7,5 keer groter dan in het Verenigd Koninkrijk (US$12,4 duizend), 13,1 keer groter dan in de Verenigde Staten (US$7,1 duizend), 13,9 keer groter dan in Japan (US$6,7 duizend) en 57,0 keer groter dan in China (US$1.635,3). De groei van de export in San Marino was minder dan in China (6,8%), in Duitsland (4,7%), in Japan (4,6%), in de Verenigde Staten (3,7%) en in het Verenigd Koninkrijk (3,1%).

Hoofdstuk XI. Invoer

Invoer van goederen en diensten

De waarde van de invoer in San Marino steeg van US$441,8 miljoen per jaar in de jaren 1970 tot US$2,6 miljard per jaar in de jaren 2010, dat wil zeggen met US$2,2 miljard of 6,0 keer. De verandering vond plaats op US$2,1 miljard als gevolg van een 4,8-voudige stijging van de prijzen, en ook op -US$177,1 miljoen als gevolg van een 1,3-voudige afname van het tarief per hoofd , evenals op US$285,8 miljoen als gevolg van de toename van de bevolking. De gemiddelde jaarlijkse groei van de invoer is 0,64%. De minimumwaarde van de invoer bedroeg US$230,1 miljoen in 1970. De maximumwaarde van de invoer bedroeg US$5,4 miljard in 2008.

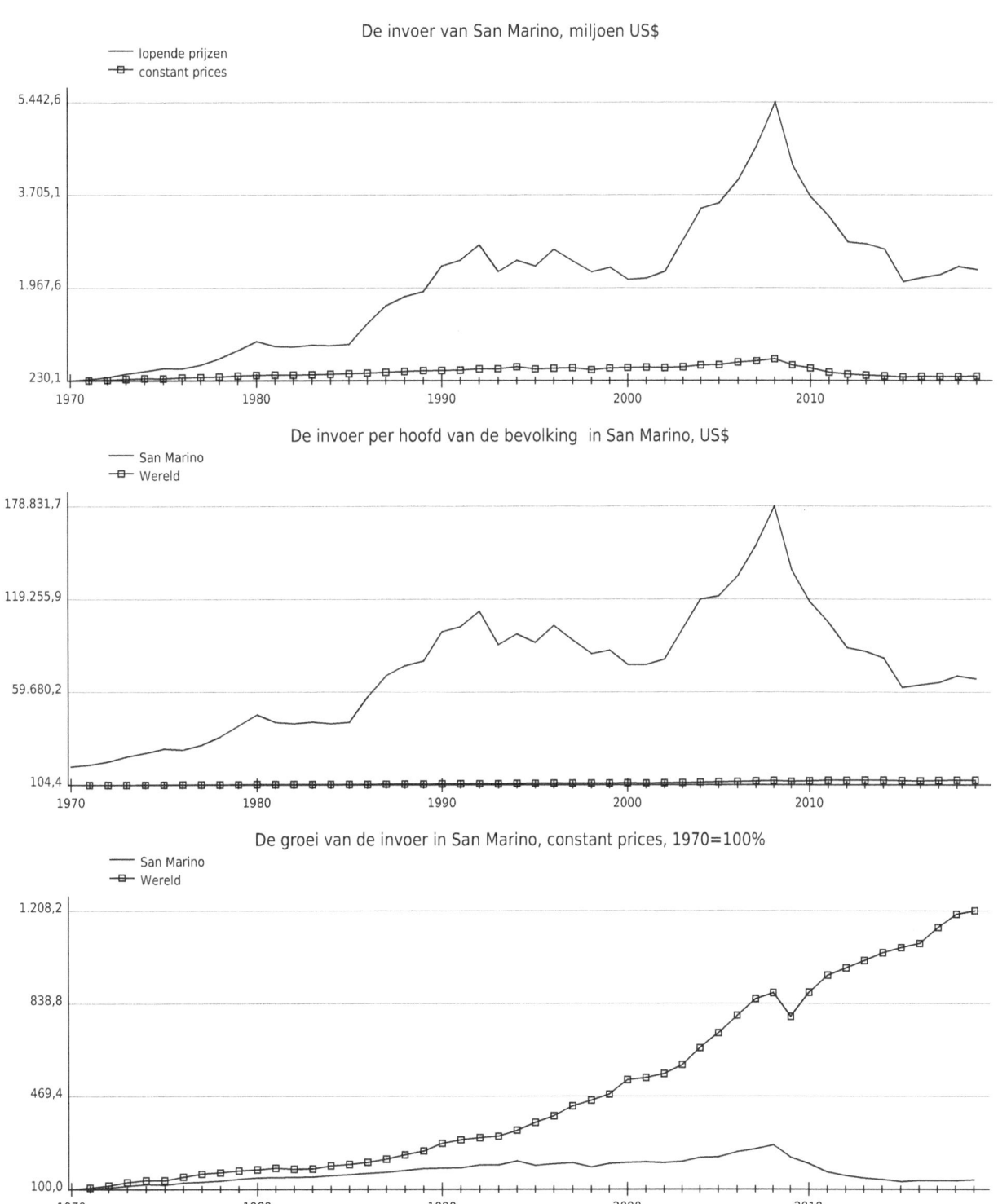

De invoer van San Marino, miljoen US$

De invoer per hoofd van de bevolking in San Marino, US$

De groei van de invoer in San Marino, constant prices, 1970=100%

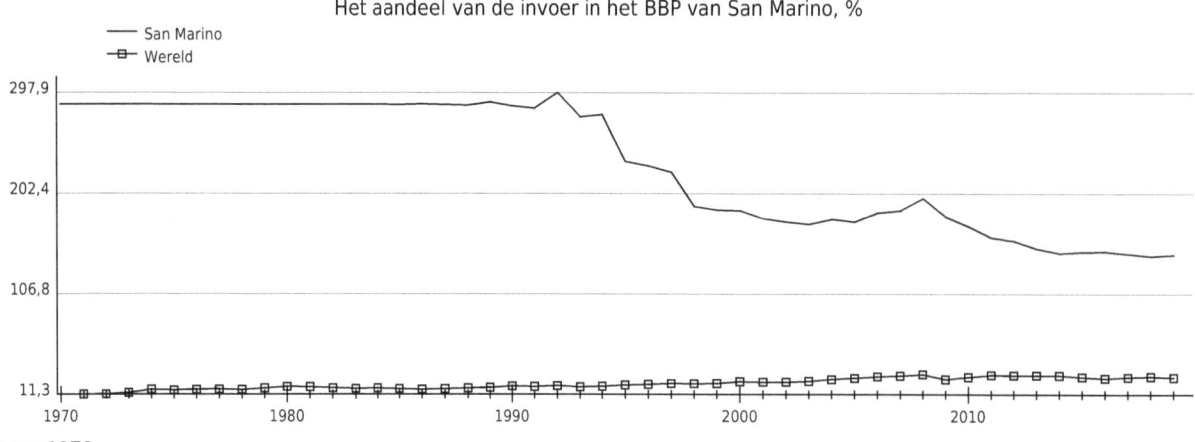

Het aandeel van de invoer in het BBP van San Marino, %

de jaren 1970

De waarde van de invoer in San Marino bedroeg in de jaren 1970 US$441,8 miljoen per jaar, stond op de 104e plaats in de wereld, en was vergelijkbaar met Macau (US$440,0 miljoen). Het aandeel in de wereld was 0,045%, en 0,091% in Europa.

Het aandeel van de invoer in het BBP van San Marino was 286,9% in de jaren 1970, stond op de 1e plaats in de wereld.

De invoer per hoofd in San Marino was $22.141,7 in de jaren 1970s, stond op de 1e plaats in de wereld. De waarde van de invoer per hoofd in San Marino was in 90,6 keer hoger dan de invoer per hoofd van de bevolking in de wereld ($244,3), en was in 32,9 keer hoger dan de invoer per hoofd van de bevolking in Europa ($244,3).

De groei van de invoer in San Marino bedroeg 3.8% in de jaren 1970, stond op de 129e plaats in de wereld, en was vergelijkbaar met Venezuela (3,8%), Mozambique (3,8%), Bolivia (3,9%). De groei van de invoer in San Marino (3,8%) was minder dan de groei van de invoer in de wereld (6,3%), was minder dan de groei van de invoer in Europa (5,4%).

Vergelijking met buren. De waarde van de invoer in San Marino was minder dan in Italië (US$42,2 miljard). De invoer per hoofd in San Marino was groter dan in Italië (US$767,8). De groei van de invoer in San Marino was minder dan in Italië (4,6%).

Vergelijking met leiders. De waarde van de invoer in San Marino was minder dan in de Verenigde Staten (US$133,2 miljard), in Duitsland (US$92,5 miljard), in Frankrijk (US$63,3 miljard), in het Verenigd Koninkrijk (US$62,4 miljard) en in Japan (US$61,0 miljard). De waarde van de invoer per hoofd in San Marino was groter dan in Frankrijk (US$1.181,1), in Duitsland (US$1.175,1), in het Verenigd Koninkrijk (US$1.113,2), in de Verenigde Staten (US$610,4) en in Japan (US$547,6). De groei van de invoer in San Marino was minder dan in Frankrijk (7,2%), in Japan (7,0%), in Duitsland (5,6%), in de Verenigde Staten (5,1%) en in het Verenigd Koninkrijk (4,5%).

de jaren 1980

De invoer van San Marino bedroeg in de jaren 1980 US$1,2 miljard per jaar, stond op de 99e plaats in de wereld, en was vergelijkbaar met Noord-Korea (US$1,2 miljard), Mozambique (US$1,2 miljard). Het aandeel in de wereld was 0,046%, en 0,10% in Europa.

Het aandeel van de invoer in het BBP van San Marino was 287,1% in de jaren 1980, stond op de 1e plaats in de wereld.

De invoer per hoofd in San Marino was $53.178,0 in de jaren 1980s, stond op de 1e plaats in de wereld. De waarde van de invoer per hoofd in San Marino was in 98,6 keer hoger dan de invoer per hoofd van de bevolking in de wereld ($539,1), en was in 34,3 keer hoger dan de invoer per hoofd van de bevolking in Europa ($539,1).

De groei van de invoer in San Marino bedroeg 2.6% in de jaren 1980, stond op de 102e plaats in de wereld. De groei van de invoer in San Marino (2,6%) was minder dan de groei van de invoer in de wereld (3,8%), was minder dan de groei van de invoer in Europa (4,1%).

Vergelijking met buren. De waarde van de invoer in San Marino was minder dan in Italië (US$116,7 miljard). De waarde van de invoer per hoofd in San Marino was groter dan in Italië (US$2,1 duizend). De groei van de invoer in San Marino was minder dan in Italië (4,9%).

Vergelijking met leiders. De waarde van de invoer in San Marino was minder dan in de Verenigde Staten (US$417,2 miljard), in Duitsland (US$225,6 miljard), in Japan (US$175,9 miljard), in Frankrijk (US$162,0 miljard) en in het Verenigd Koninkrijk (US$157,7 miljard). De invoer per hoofd in San Marino was groter dan in Duitsland (US$2,9 duizend), in Frankrijk (US$2,9 duizend), in het

Verenigd Koninkrijk (US$2,8 duizend), in de Verenigde Staten (US$1.742,4) en in Japan (US$1.450,4). De groei van de invoer in San Marino was minder dan in de Verenigde Staten (5,8%), in het Verenigd Koninkrijk (5,1%), in Japan (4,6%), in Frankrijk (4,3%) en in Duitsland (3,3%).

de jaren 1990

De invoer van San Marino bedroeg in de jaren 1990 US$2,5 miljard per jaar, stond op de 103e plaats in de wereld, en was vergelijkbaar met Ghana (US$2,4 miljard), Mauritius (US$2,4 miljard), IJsland (US$2,4 miljard). Het aandeel in de wereld was 0,042%, en 0,092% in Europa.

Het aandeel van de invoer in het BBP van San Marino was 242,6% in de jaren 1990, stond op de 1e plaats in de wereld.

De waarde van de invoer per hoofd in San Marino was $95.428,6 in de jaren 1990s, stond op de 1e plaats in de wereld. De waarde van de invoer per hoofd in San Marino was in 94,0 keer hoger dan de invoer per hoofd van de bevolking in de wereld ($1.015,5), en was in 26,1 keer hoger dan de invoer per hoofd van de bevolking in Europa ($1.015,5).

De groei van de invoer in San Marino bedroeg 1% in de jaren 1990, stond op de 159e plaats in de wereld. De groei van de invoer in San Marino (1,0%) was minder dan de groei van de invoer in de wereld (6,6%), was minder dan de groei van de invoer in Europa (5,9%).

Vergelijking met buren. De waarde van de invoer in San Marino was minder dan in Italië (US$233,7 miljard). De waarde van de invoer per hoofd in San Marino was groter dan in Italië (US$4,1 duizend). De groei van de invoer in San Marino was minder dan in Italië (4,5%).

Vergelijking met leiders. De waarde van de invoer in San Marino was minder dan in de Verenigde Staten (US$874,1 miljard), in Duitsland (US$501,6 miljard), in Japan (US$355,9 miljard), in het Verenigd Koninkrijk (US$330,2 miljard) en in Frankrijk (US$308,5 miljard). De waarde van de invoer per hoofd in San Marino was groter dan in Duitsland (US$6,2 duizend), in het Verenigd Koninkrijk (US$5,7 duizend), in Frankrijk (US$5,2 duizend), in de Verenigde Staten (US$3,3 duizend) en in Japan (US$2,8 duizend). De groei van de invoer in San Marino was minder dan in de Verenigde Staten (8,3%), in Duitsland (6,4%), in Frankrijk (5,1%), in het Verenigd Koninkrijk (5,1%) en in Japan (3,3%).

de jaren 2000

De waarde van de invoer in San Marino bedroeg in de jaren 2000 US$3,5 miljard per jaar, stond op de 120e plaats in de wereld, en was vergelijkbaar met Palestina (US$3,5 miljard), Georgië (US$3,4 miljard), Bolivia (US$3,4 miljard). Het aandeel in de wereld was 0,028%, en 0,065% in Europa.

Het aandeel van de invoer in het BBP van San Marino was 182,6% in de jaren 2000, stond op de 2e plaats in de wereld, en was vergelijkbaar met Singapore (183,9%).

De waarde van de invoer per hoofd in San Marino was $119.302,8 in de jaren 2000s, stond op de 1e plaats in de wereld. De waarde van de invoer per hoofd in San Marino was in 62,8 keer hoger dan de invoer per hoofd van de bevolking in de wereld ($1.899,9), en was in 16,4 keer hoger dan de invoer per hoofd van de bevolking in Europa ($1.899,9).

De groei van de invoer in San Marino bedroeg 1.2% in de jaren 2000, stond op de 190e plaats in de wereld, en was vergelijkbaar met Mauritius (1,2%). De groei van de invoer in San Marino (1,2%) was minder dan de groei van de invoer in de wereld (5,1%), was minder dan de groei van de invoer in Europa (4,0%).

Vergelijking met buren. De waarde van de invoer in San Marino was minder dan in Italië (US$441,5 miljard). De invoer per hoofd in San Marino was groter dan in Italië (US$7,6 duizend). De groei van de invoer in San Marino was minder dan in Italië (1,7%).

Vergelijking met leiders. De waarde van de invoer in San Marino was minder dan in de Verenigde Staten (US$1,9 biljoen), in Duitsland (US$914,7 miljard), in het Verenigd Koninkrijk (US$641,8 miljard), in China (US$641,1 miljard) en in Japan (US$566,4 miljard). De waarde van de invoer per hoofd in San Marino was groter dan in Duitsland (US$11,2 duizend), in het Verenigd Koninkrijk (US$10,6 duizend), in de Verenigde Staten (US$6,4 duizend), in Japan (US$4,4 duizend) en in China (US$483,3). De groei van de invoer in San Marino was minder dan in China (15,1%), in Duitsland (3,7%), in het Verenigd Koninkrijk (3,1%), in de Verenigde Staten (2,8%) en in Japan (1,8%).

de jaren 2010

De invoer van San Marino bedroeg in de jaren 2010 US$2,6 miljard per jaar, stond op de 160e plaats in de wereld, en was vergelijkbaar met Fiji (US$2,6 miljard), Curaçao (US$2,6 miljard), Rwanda (US$2,6 miljard). Het aandeel in de wereld was 0,012%, en 0,032% in Europa.

Het aandeel van de invoer in het BBP van San Marino was 151,9% in de jaren 2010, stond op de 5e plaats in de wereld.

De invoer per hoofd in San Marino was $80.325,8 in de jaren 2010s, stond op de 5e plaats in de wereld. De invoer per hoofd in San Marino was in 26,6 keer hoger dan de invoer per hoofd van de bevolking in de wereld ($3.015,6), en was in 7,2 keer hoger dan de invoer per hoofd van de bevolking in Europa ($3.015,6).

De groei van de invoer in San Marino bedroeg -4.9% in de jaren 2010, stond op de 206e plaats in de wereld. De groei van de invoer in San Marino (-4,9%) was minder dan de groei van de invoer in de wereld (4,4%), was minder dan de groei van de invoer in Europa (4,3%).

Vergelijking met buren. De invoer van San Marino was 213,0 keer minder dan in Italië (US$562,1 miljard). De invoer per hoofd in San Marino was 8,6 keer groter dan in Italië (US$9,3 duizend). De groei van de invoer in San Marino was minder dan in Italië (2,3%).

Vergelijking met leiders. De invoer van San Marino was 1.067,3 keer minder dan in de Verenigde Staten (US$2,8 biljoen), 783,9 keer minder dan in China (US$2,1 biljoen), 551,1 keer minder dan in Duitsland (US$1,5 biljoen), 332,6 keer minder dan in Japan (US$877,9 miljard) en 323,9 keer minder dan in het Verenigd Koninkrijk (US$854,8 miljard). De waarde van de invoer per hoofd in San Marino was 4,5 keer groter dan in Duitsland (US$17,8 duizend), 6,2 keer groter dan in het Verenigd Koninkrijk (US$13,0 duizend), 9,1 keer groter dan in de Verenigde Staten (US$8,8 duizend), 11,7 keer groter dan in Japan (US$6,9 duizend) en 54,4 keer groter dan in China (US$1.475,4). De groei van de invoer in San Marino was minder dan in China (8,2%), in Duitsland (4,8%), in de Verenigde Staten (4,4%), in Japan (3,8%) en in het Verenigd Koninkrijk (3,6%).

Part IV. Verbruik

Hoofdstuk XII. Overheidsuitgaven

Consumptie-uitgaven van de overheid

De overheidsuitgaven van San Marino steeg van US$24,7 miljoen per jaar in de jaren 1970 tot US$337,9 miljoen per jaar in de jaren 2010, dat wil zeggen met US$313,2 miljoen of 13,7 keer. De verandering vond plaats op US$266,3 miljoen als gevolg van een 4,7-voudige stijging van de prijzen, en ook op US$31,0 miljoen als gevolg van een 1,8-voudige toename van het tarief per hoofd , evenals op US$16,0 miljoen als gevolg van de toename van de bevolking. De gemiddelde jaarlijkse groei van de overheidsuitgaven is 2,6%. De minimumwaarde van de overheidsuitgaven bedroeg US$12,1 miljoen in 1970. De maximumwaarde van de overheidsuitgaven bedroeg US$384,8 miljoen in 2013.

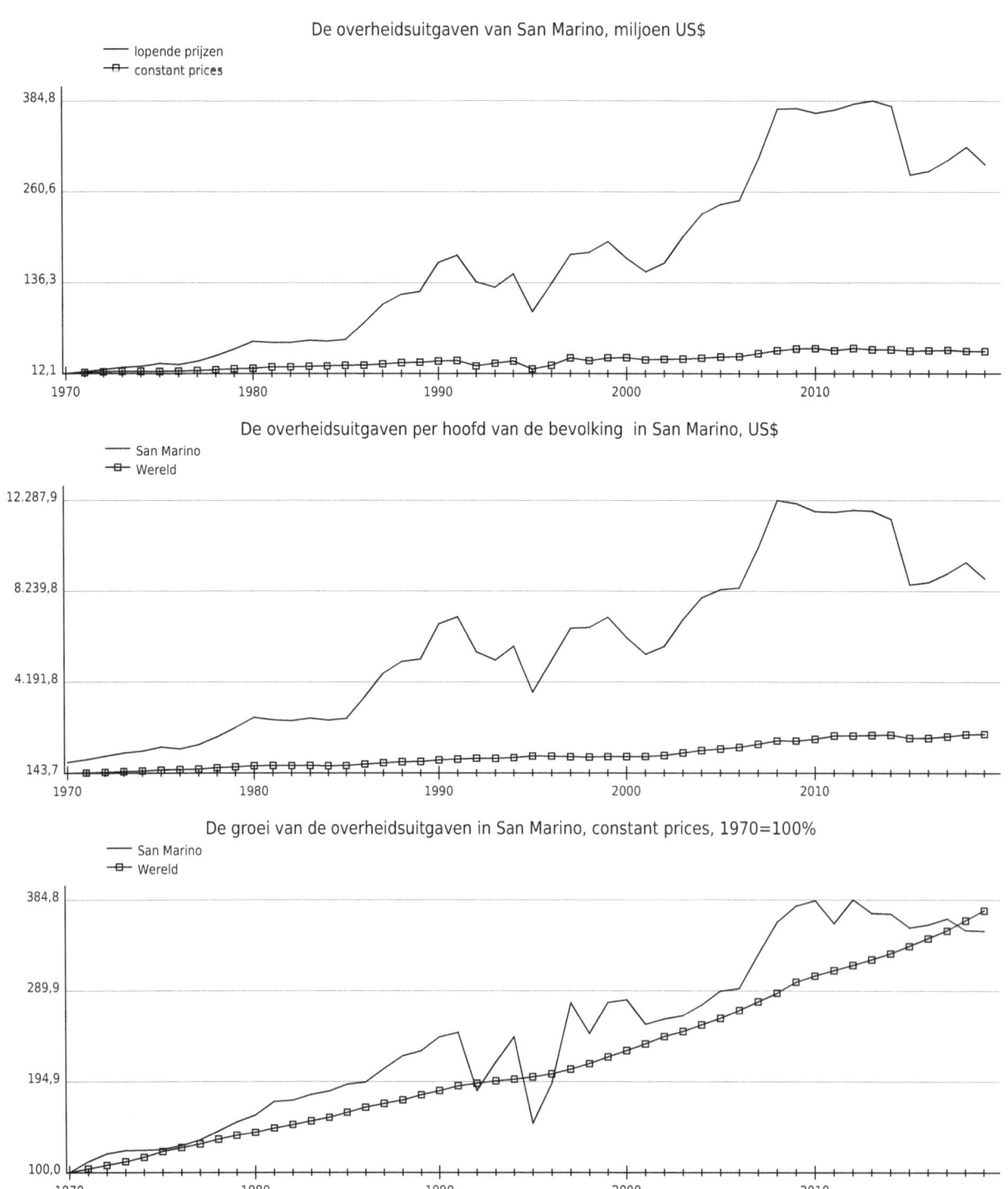

De overheidsuitgaven van San Marino, miljoen US$

De overheidsuitgaven per hoofd van de bevolking in San Marino, US$

De groei van de overheidsuitgaven in San Marino, constant prices, 1970=100%

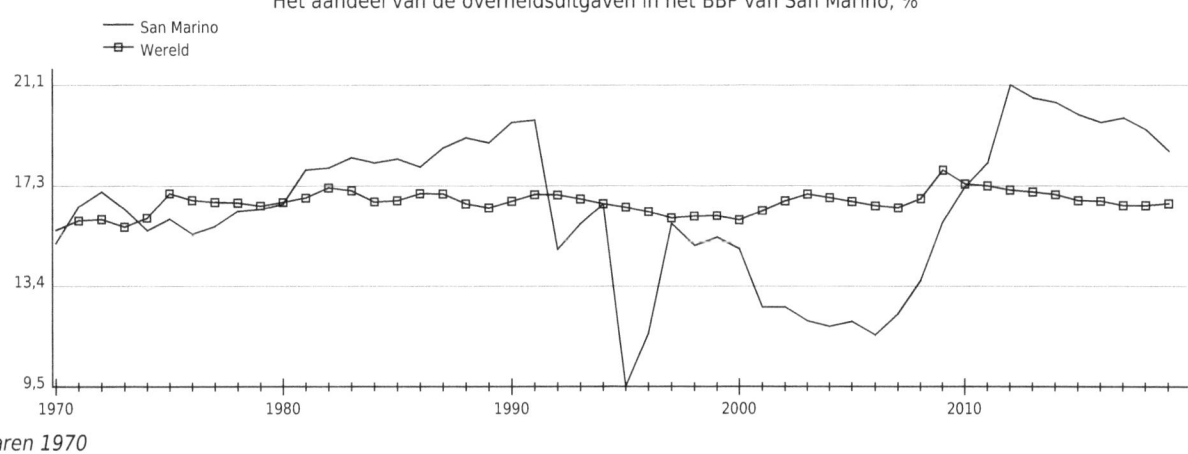

Het aandeel van de overheidsuitgaven in het BBP van San Marino, %

de jaren 1970

De overheidsuitgaven van San Marino bedroeg in de jaren 1970 US$24,7 miljoen per jaar, stond op de 155e plaats in de wereld. Het aandeel in de wereld was 0,0023%, en 0,0050% in Europa.

Het aandeel van de overheidsuitgaven in het BBP van San Marino was 16,0% in de jaren 1970, stond op de 89e plaats in de wereld, en was vergelijkbaar met Italië (16,0%), de Centraal-Afrikaanse Republiek (16,0%), Chili (16,0%).

De overheidsuitgaven per hoofd in San Marino was $1.236,5 in de jaren 1970s, stond op de 16e plaats in de wereld, en was vergelijkbaar met Liechtenstein (US$1.252,6), West-Europa (US$1.218,4), Duitsland (US$1.213,7). De overheidsuitgaven per hoofd in San Marino was in 4,7 keer hoger dan de overheidsuitgaven per hoofd van de bevolking in de wereld ($265,2), en was 82,1% hoger dan de overheidsuitgaven per hoofd van de bevolking in Europa ($265,2).

De groei van de overheidsuitgaven in San Marino bedroeg 4.8% in de jaren 1970, stond op de 102e plaats in de wereld, en was vergelijkbaar met Senegal (4,8%). De groei van de overheidsuitgaven in San Marino (4,8%) was groter dan de groei van de overheidsuitgaven in de wereld (3,7%), was groter dan de groei van de overheidsuitgaven in Europa (4,5%).

Vergelijking met buren. De overheidsuitgaven van San Marino was minder dan in Italië (US$34,9 miljard). De overheidsuitgaven per hoofd in San Marino was groter dan in Italië (US$634,2). De groei van de overheidsuitgaven in San Marino was groter dan in Italië (3,8%).

Vergelijking met leiders. De overheidsuitgaven van San Marino was minder dan in de Verenigde Staten (US$285,9 miljard), in de Sovjet-Unie (US$117,3 miljard), in Duitsland (US$95,6 miljard), in Japan (US$78,0 miljard) en in Frankrijk (US$64,5 miljard). De overheidsuitgaven per hoofd in San Marino was groter dan in Duitsland (US$1.213,7), in Frankrijk (US$1.202,3), in Japan (US$700,2) en in de Sovjet-Unie (US$465,0); maar minder dan in de Verenigde Staten (US$1.310,2). De groei van de overheidsuitgaven in San Marino was groter dan in Duitsland (4,4%) en in de Verenigde Staten (0,94%); maar minder dan in de Sovjet-Unie (7,2%), in Japan (5,3%) en in Frankrijk (5,0%).

de jaren 1980

De overheidsuitgaven van San Marino bedroeg in de jaren 1980 US$76,9 miljoen per jaar, stond op de 153e plaats in de wereld. Het aandeel in de wereld was 0,0030%, en 0,0071% in Europa.

Het aandeel van de overheidsuitgaven in het BBP van San Marino was 18,3% in de jaren 1980, stond op de 75e plaats in de wereld, en was vergelijkbaar met Italië (18,3%), Centraal-Afrika (18,3%), Congo (18,3%).

De overheidsuitgaven per hoofd in San Marino was $3.394,9 in de jaren 1980s, stond op de 8e plaats in de wereld, en was vergelijkbaar met de Verenigde Arabische Emiraten (US$3,3 duizend). De overheidsuitgaven per hoofd in San Marino was in 6,5 keer hoger dan de overheidsuitgaven per hoofd van de bevolking in de wereld ($523,5), en was in 2,4 keer hoger dan de overheidsuitgaven per hoofd van de bevolking in Europa ($523,5).

De groei van de overheidsuitgaven in San Marino bedroeg 4.1% in de jaren 1980, stond op de 74e plaats in de wereld, en was vergelijkbaar met Luxemburg (4,0%), Polynesië (4,0%), de Marshalleilanden (4,0%). De groei van de overheidsuitgaven in San Marino (4,1%) was groter dan de groei van de overheidsuitgaven in de wereld (2,7%), was groter dan de groei van de overheidsuitgaven in Europa (2,3%).

Vergelijking met buren. De overheidsuitgaven van San Marino was minder dan in Italië (US$108,8 miljard). De overheidsuitgaven per hoofd in San Marino was groter dan in Italië (US$1.914,6). De groei van de overheidsuitgaven in San Marino was groter dan in Italië (2,9%).

Vergelijking met leiders. De overheidsuitgaven van San Marino was minder dan in de Verenigde Staten (US$665,3 miljard), in Japan (US$257,4 miljard), in Duitsland (US$203,7 miljard), in de Sovjet-Unie (US$181,1 miljard) en in Frankrijk (US$159,8 miljard). De overheidsuitgaven per hoofd in San Marino was groter dan in Frankrijk (US$2,8 duizend), in de Verenigde Staten (US$2,8 duizend), in Duitsland (US$2,6 duizend), in Japan (US$2,1 duizend) en in de Sovjet-Unie (US$658,0). De groei van de overheidsuitgaven in San Marino was groter dan in Japan (3,5%), in Frankrijk (2,8%), in de Verenigde Staten (2,6%) en in Duitsland (0,98%); maar minder dan in de Sovjet-Unie (5,4%).

de jaren 1990

De overheidsuitgaven van San Marino bedroeg in de jaren 1990 US$153,0 miljoen per jaar, stond op de 172e plaats in de wereld, en was vergelijkbaar met Tsjaad (US$153,5 miljoen), Burundi (US$149,8 miljoen). Het aandeel in de wereld was 0,0033%, en 0,0080% in Europa.

Het aandeel van de overheidsuitgaven in het BBP van San Marino was 15,1% in de jaren 1990, stond op de 116e plaats in de wereld, en was vergelijkbaar met Noord-Afrika (15,1%), Afrika (15,1%), Amerika (15,2%).

De overheidsuitgaven per hoofd in San Marino was $5.955,4 in de jaren 1990s, stond op de 8e plaats in de wereld. De overheidsuitgaven per hoofd in San Marino was in 7,2 keer hoger dan de overheidsuitgaven per hoofd van de bevolking in de wereld ($824,8), en was in 2,3 keer hoger dan de overheidsuitgaven per hoofd van de bevolking in Europa ($824,8).

De groei van de overheidsuitgaven in San Marino bedroeg 2% in de jaren 1990, stond op de 113e plaats in de wereld. De groei van de overheidsuitgaven in San Marino (2,0%) was groter dan de groei van de overheidsuitgaven in de wereld (2,0%), was groter dan de groei van de overheidsuitgaven in Europa (1,3%).

Vergelijking met buren. De overheidsuitgaven van San Marino was minder dan in Italië (US$224,6 miljard). De overheidsuitgaven per hoofd in San Marino was groter dan in Italië (US$3,9 duizend). De groei van de overheidsuitgaven in San Marino was groter dan in Italië (0,20%).

Vergelijking met leiders. De overheidsuitgaven van San Marino was minder dan in de Verenigde Staten (US$1,1 biljoen), in Japan (US$651,8 miljard), in Duitsland (US$419,6 miljard), in Frankrijk (US$325,4 miljard) en in het Verenigd Koninkrijk (US$234,6 miljard). De overheidsuitgaven per hoofd in San Marino was groter dan in Frankrijk (US$5,5 duizend), in Duitsland (US$5,2 duizend), in Japan (US$5,2 duizend), in de Verenigde Staten (US$4,3 duizend) en in het Verenigd Koninkrijk (US$4,1 duizend). De groei van de overheidsuitgaven in San Marino was groter dan in Frankrijk (1,8%) en in de Verenigde Staten (1,3%); maar minder dan in Japan (3,0%), in Duitsland (2,4%) en in het Verenigd Koninkrijk (2,1%).

de jaren 2000

De overheidsuitgaven van San Marino bedroeg in de jaren 2000 US$246,0 miljoen per jaar, stond op de 173e plaats in de wereld. Het aandeel in de wereld was 0,0031%, en 0,0081% in Europa.

Het aandeel van de overheidsuitgaven in het BBP van San Marino was 12,9% in de jaren 2000, stond op de 143e plaats in de wereld, en was vergelijkbaar met Suriname (12,9%), Zuid-Korea (13,0%), Mongolië (12,9%).

De overheidsuitgaven per hoofd in San Marino was $8.444,0 in de jaren 2000s, stond op de 11e plaats in de wereld. De overheidsuitgaven per hoofd in San Marino was in 7,0 keer hoger dan de overheidsuitgaven per hoofd van de bevolking in de wereld ($1.200,9), en was in 2,0 keer hoger dan de overheidsuitgaven per hoofd van de bevolking in Europa ($1.200,9).

De groei van de overheidsuitgaven in San Marino bedroeg 3.1% in de jaren 2000, stond op de 117e plaats in de wereld, en was vergelijkbaar met Slovenië (3,1%), Australazië (3,1%), Oceanië (3,1%). De groei van de overheidsuitgaven in San Marino (3,1%) was groter dan de groei van de overheidsuitgaven in de wereld (3,1%), was groter dan de groei van de overheidsuitgaven in Europa (2,1%).

Vergelijking met buren. De overheidsuitgaven van San Marino was minder dan in Italië (US$338,4 miljard). De overheidsuitgaven per hoofd in San Marino was groter dan in Italië (US$5,8 duizend). De groei van de overheidsuitgaven in San Marino was groter dan in Italië (1,4%).

Vergelijking met leiders. De overheidsuitgaven van San Marino was minder dan in de Verenigde Staten (US$1,9 biljoen), in Japan (US$844,2 miljard), in Duitsland (US$520,1 miljard), in Frankrijk (US$479,9 miljard) en in het Verenigd Koninkrijk (US$453,4 miljard). De overheidsuitgaven per hoofd in San Marino was groter dan in Frankrijk (US$7,6 duizend), in het Verenigd Koninkrijk (US$7,5 duizend), in Japan (US$6,6 duizend), in de Verenigde Staten (US$6,5 duizend) en in Duitsland (US$6,4 duizend). De groei van de overheidsuitgaven in San Marino was groter dan in het Verenigd Koninkrijk (2,9%), in de Verenigde Staten (2,2%), in Japan (1,7%), in Frankrijk (1,7%) en in Duitsland (1,4%).

de jaren 2010

De overheidsuitgaven van San Marino bedroeg in de jaren 2010 US$337,9 miljoen per jaar, stond op de 178e plaats in de wereld, en was vergelijkbaar met de Salomonseilanden (US$337,3 miljoen). Het aandeel in de wereld was 0,0026%, en 0,0080% in Europa.

Het aandeel van de overheidsuitgaven in het BBP van San Marino was 19,4% in de jaren 2010, stond op de 64e plaats in de wereld, en was vergelijkbaar met Zuid-Europa (19,4%), Italië (19,4%), Tsjechië (19,5%).

De overheidsuitgaven per hoofd in San Marino was $10.283,4 in de jaren 2010s, stond op de 15e plaats in de wereld, en was vergelijkbaar met Australazië (US$10,5 duizend). De overheidsuitgaven per hoofd in San Marino was in 5,8 keer hoger dan de overheidsuitgaven per hoofd van de bevolking in de wereld ($1.785,1), en was 80,2% hoger dan de overheidsuitgaven per hoofd van de bevolking in Europa ($1.785,1).

De groei van de overheidsuitgaven in San Marino bedroeg -0.7% in de jaren 2010, stond op de 194e plaats in de wereld. De groei van de overheidsuitgaven in San Marino (-0,71%) was minder dan de groei van de overheidsuitgaven in de wereld (2,3%), was minder dan de groei van de overheidsuitgaven in Europa (0,99%).

Vergelijking met buren. De overheidsuitgaven van San Marino was 1.183,6 keer minder dan in Italië (US$399,9 miljard). De overheidsuitgaven per hoofd in San Marino was 54,9% groter dan in Italië (US$6,6 duizend). De groei van de overheidsuitgaven in San Marino was minder dan in Italië (-0,49%).

Vergelijking met leiders. De overheidsuitgaven van San Marino was 7.852,3 keer minder dan in de Verenigde Staten (US$2,7 biljoen), 4.969,1 keer minder dan in China (US$1,7 biljoen), 3.086,6 keer minder dan in Japan (US$1,0 biljoen), 2.135,4 keer minder dan in Duitsland (US$721,6 miljard) en 1.887,8 keer minder dan in Frankrijk (US$637,9 miljard). De overheidsuitgaven per hoofd in San Marino was 6,9% groter dan in Frankrijk (US$9,6 duizend), 16,7% groter dan in Duitsland (US$8,8 duizend), 23,8% groter dan in de Verenigde Staten (US$8,3 duizend), 26,1% groter dan in Japan (US$8,2 duizend) en 8,6 keer groter dan in China (US$1.197,3). De groei van de overheidsuitgaven in San Marino was minder dan in China (8,3%), in Duitsland (1,9%), in Japan (1,3%), in Frankrijk (1,3%) en in de Verenigde Staten (0,0052%).

Hoofdstuk XIII. Huishoudelijke uitgaven

Consumptieve bestedingen van de huishoudens

De huishoudelijke uitgaven van San Marino steeg van US$90,9 miljoen per jaar in de jaren 1970 tot US$649,0 miljoen per jaar in de jaren 2010, dat wil zeggen met US$558,2 miljoen of 7,1 keer. De verandering vond plaats op US$517,6 miljoen als gevolg van een 4,9-voudige stijging van de prijzen, en ook op -US$18,2 miljoen als gevolg van een 1,1-voudige afname van het tarief per hoofd , evenals op US$58,8 miljoen als gevolg van de toename van de bevolking. De gemiddelde jaarlijkse groei van de huishoudelijke uitgaven is 0,92%. De minimumwaarde van de huishoudelijke uitgaven bedroeg US$47,3 miljoen in 1970. De maximumwaarde van de huishoudelijke uitgaven bedroeg US$833,8 miljoen in 2008.

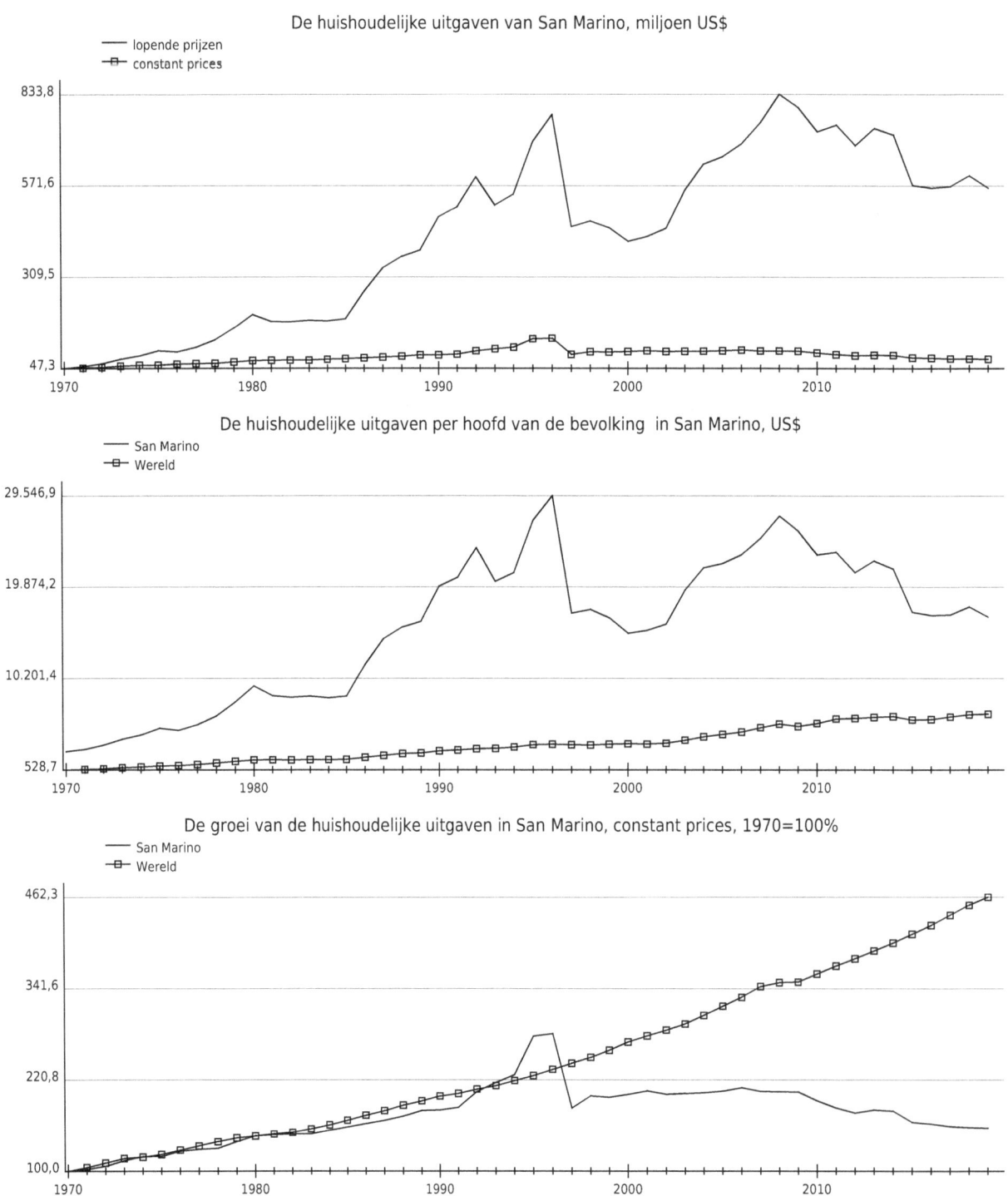

De huishoudelijke uitgaven van San Marino, miljoen US$

De huishoudelijke uitgaven per hoofd van de bevolking in San Marino, US$

De groei van de huishoudelijke uitgaven in San Marino, constant prices, 1970=100%

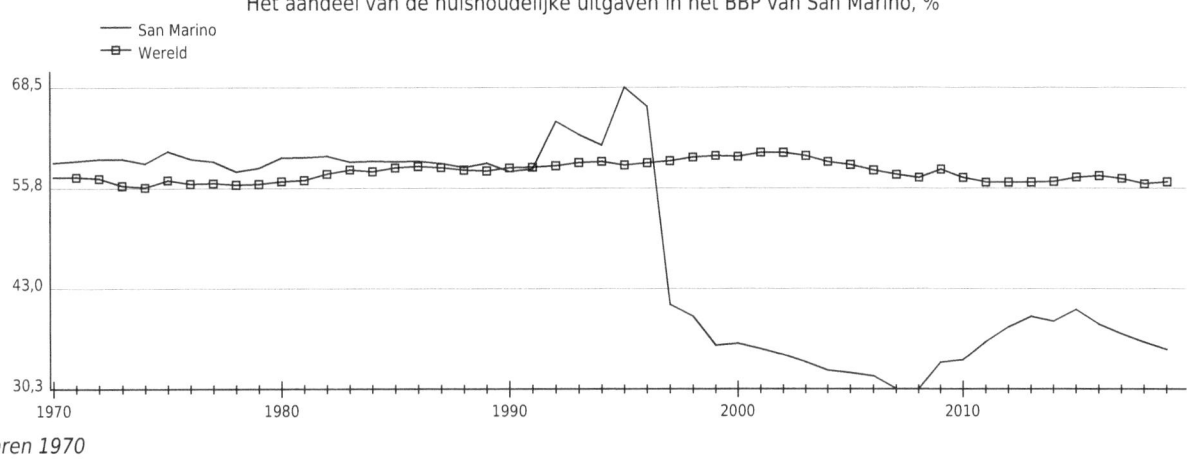

Het aandeel van de huishoudelijke uitgaven in het BBP van San Marino, %

de jaren 1970

De huishoudelijke uitgaven van San Marino bedroeg in de jaren 1970 US$90,9 miljoen per jaar, stond op de 154e plaats in de wereld. Het aandeel in de wereld was 0,0025%, en 0,0061% in Europa.

Het aandeel van de huishoudelijke uitgaven in het BBP van San Marino was 59,0% in de jaren 1970, stond op de 118e plaats in de wereld, en was vergelijkbaar met Italië (59,0%), Macau (59,0%), Tanzania (59,0%).

De huishoudelijke uitgaven per hoofd in San Marino was $4.553,7 in de jaren 1970s, stond op de 9e plaats in de wereld, en was vergelijkbaar met Luxemburg (US$4,6 duizend), Zweden (US$4,5 duizend), Noord-Amerika (US$4,7 duizend). De huishoudelijke uitgaven per hoofd in San Marino was in 5,0 keer hoger dan de huishoudelijke uitgaven per hoofd van de bevolking in de wereld ($914,8), en was in 2,2 keer hoger dan de huishoudelijke uitgaven per hoofd van de bevolking in Europa ($914,8).

De groei van de huishoudelijke uitgaven in San Marino bedroeg 3.7% in de jaren 1970, stond op de 114e plaats in de wereld, en was vergelijkbaar met de Nederland (3,7%), Europa (3,7%), Noord-Amerika (3,7%). De groei van de huishoudelijke uitgaven in San Marino (3,7%) was minder dan de groei van de huishoudelijke uitgaven in de wereld (4,1%), was groter dan de groei van de huishoudelijke uitgaven in Europa (3,7%).

Vergelijking met buren. De huishoudelijke uitgaven van San Marino was minder dan in Italië (US$128,5 miljard). De huishoudelijke uitgaven per hoofd in San Marino was groter dan in Italië (US$2,3 duizend). De groei van de huishoudelijke uitgaven in San Marino was groter dan in Italië (3,7%).

Vergelijking met leiders. De huishoudelijke uitgaven van San Marino was minder dan in de Verenigde Staten (US$1,0 biljoen), in de Sovjet-Unie (US$310,6 miljard), in Japan (US$280,9 miljard), in Duitsland (US$277,8 miljard) en in Frankrijk (US$180,7 miljard). De huishoudelijke uitgaven per hoofd in San Marino was groter dan in Duitsland (US$3,5 duizend), in Frankrijk (US$3,4 duizend), in Japan (US$2,5 duizend) en in de Sovjet-Unie (US$1.231,6); maar minder dan in de Verenigde Staten (US$4,7 duizend). De groei van de huishoudelijke uitgaven in San Marino was groter dan in de Verenigde Staten (3,6%) en in Duitsland (3,6%); maar minder dan in Japan (5,1%), in de Sovjet-Unie (4,7%) en in Frankrijk (4,0%).

de jaren 1980

De huishoudelijke uitgaven van San Marino bedroeg in de jaren 1980 US$248,0 miljoen per jaar, stond op de 156e plaats in de wereld, en was vergelijkbaar met Aruba (US$253,7 miljoen). Het aandeel in de wereld was 0,0028%, en 0,0081% in Europa.

Het aandeel van de huishoudelijke uitgaven in het BBP van San Marino was 59,1% in de jaren 1980, stond op de 118e plaats in de wereld, en was vergelijkbaar met Italië (59,1%), Hongkong (59,1%), Nicaragua (58,8%).

De huishoudelijke uitgaven per hoofd in San Marino was $10.944,9 in de jaren 1980s, stond op de 6e plaats in de wereld, en was vergelijkbaar met de Verenigde Staten (US$10,9 duizend). De huishoudelijke uitgaven per hoofd in San Marino was in 6,1 keer hoger dan de huishoudelijke uitgaven per hoofd van de bevolking in de wereld ($1.808,0), en was in 2,7 keer hoger dan de huishoudelijke uitgaven per hoofd van de bevolking in Europa ($1.808,0).

De groei van de huishoudelijke uitgaven in San Marino bedroeg 2.6% in de jaren 1980, stond op de 104e plaats in de wereld, en was vergelijkbaar met Puerto Rico (2,6%). De groei van de huishoudelijke uitgaven in San Marino (2,6%) was minder dan de groei van de huishoudelijke uitgaven in de wereld (3,0%), was groter dan de groei van de huishoudelijke uitgaven in Europa (2,3%).

Vergelijking met buren. De huishoudelijke uitgaven van San Marino was minder dan in Italië (US$350,7 miljard). De huishoudelijke uitgaven per hoofd in San Marino was groter dan in Italië (US$6,2 duizend). De groei van de huishoudelijke uitgaven in San Marino was minder dan in Italië (3,0%).

Vergelijking met leiders. De huishoudelijke uitgaven van San Marino was minder dan in de Verenigde Staten (US$2,6 biljoen), in Japan (US$945,6 miljard), in Duitsland (US$575,7 miljard), in de Sovjet-Unie (US$424,6 miljard) en in het Verenigd Koninkrijk (US$416,5 miljard). De huishoudelijke uitgaven per hoofd in San Marino was groter dan in de Verenigde Staten (US$10,9 duizend), in Japan (US$7,8 duizend), in Duitsland (US$7,4 duizend), in het Verenigd Koninkrijk (US$7,4 duizend) en in de Sovjet-Unie (US$1.542,8). De groei van de huishoudelijke uitgaven in San Marino was groter dan in Duitsland (1,8%); maar minder dan in Japan (3,7%), in het Verenigd Koninkrijk (3,5%), in de Verenigde Staten (3,2%) en in de Sovjet-Unie (3,0%).

de jaren 1990

De huishoudelijke uitgaven van San Marino bedroeg in de jaren 1990 US$550,2 miljoen per jaar, stond op de 171e plaats in de wereld, en was vergelijkbaar met Eritrea (US$545,7 miljoen), Guinee-Bissau (US$560,2 miljoen), Guyana (US$537,8 miljoen). Het aandeel in de wereld was 0,0033%, en 0,0098% in Europa.

Het aandeel van de huishoudelijke uitgaven in het BBP van San Marino was 54,4% in de jaren 1990, stond op de 158e plaats in de wereld, en was vergelijkbaar met Aruba (54,4%), Hongarije (54,3%), Iran (54,6%).

De huishoudelijke uitgaven per hoofd in San Marino was $21.414,4 in de jaren 1990s, stond op de 6e plaats in de wereld. De huishoudelijke uitgaven per hoofd in San Marino was in 7,2 keer hoger dan de huishoudelijke uitgaven per hoofd van de bevolking in de wereld ($2.963,9), en was in 2,8 keer hoger dan de huishoudelijke uitgaven per hoofd van de bevolking in Europa ($2.963,9).

De groei van de huishoudelijke uitgaven in San Marino bedroeg 0.9% in de jaren 1990, stond op de 158e plaats in de wereld. De groei van de huishoudelijke uitgaven in San Marino (0,93%) was minder dan de groei van de huishoudelijke uitgaven in de wereld (3,0%), was minder dan de groei van de huishoudelijke uitgaven in Europa (1,8%).

Vergelijking met buren. De huishoudelijke uitgaven van San Marino was minder dan in Italië (US$715,6 miljard). De huishoudelijke uitgaven per hoofd in San Marino was groter dan in Italië (US$12,5 duizend). De groei van de huishoudelijke uitgaven in San Marino was minder dan in Italië (1,7%).

Vergelijking met leiders. De huishoudelijke uitgaven van San Marino was minder dan in de Verenigde Staten (US$4,9 biljoen), in Japan (US$2,3 biljoen), in Duitsland (US$1,2 biljoen), in het Verenigd Koninkrijk (US$884,5 miljard) en in Frankrijk (US$783,0 miljard). De huishoudelijke uitgaven per hoofd in San Marino was groter dan in de Verenigde Staten (US$18,5 duizend), in Japan (US$18,2 duizend), in het Verenigd Koninkrijk (US$15,3 duizend), in Duitsland (US$15,2 duizend) en in Frankrijk (US$13,2 duizend). De groei van de huishoudelijke uitgaven in San Marino was minder dan in de Verenigde Staten (3,4%), in het Verenigd Koninkrijk (2,8%), in Duitsland (2,1%), in Japan (1,8%) en in Frankrijk (1,8%).

de jaren 2000

De huishoudelijke uitgaven van San Marino bedroeg in de jaren 2000 US$620,9 miljoen per jaar, stond op de 182e plaats in de wereld, en was vergelijkbaar met de Comoren (US$619,2 miljoen). Het aandeel in de wereld was 0,0023%, en 0,0071% in Europa.

Het aandeel van de huishoudelijke uitgaven in het BBP van San Marino was 32,6% in de jaren 2000, stond op de 202e plaats in de wereld, en was vergelijkbaar met Oman (32,9%).

De huishoudelijke uitgaven per hoofd in San Marino was $21.316,9 in de jaren 2000s, stond op de 13e plaats in de wereld, en was vergelijkbaar met Ierland (US$21,2 duizend), Andorra (US$21,5 duizend). De huishoudelijke uitgaven per hoofd in San Marino was in 5,1 keer hoger dan de huishoudelijke uitgaven per hoofd van de bevolking in de wereld ($4.208,2), en was 79,1% hoger dan de huishoudelijke uitgaven per hoofd van de bevolking in Europa ($4.208,2).

De groei van de huishoudelijke uitgaven in San Marino bedroeg 0.4% in de jaren 2000, stond op de 199e plaats in de wereld. De groei van de huishoudelijke uitgaven in San Marino (0,35%) was minder dan de groei van de huishoudelijke uitgaven in de wereld (3,0%), was minder dan de groei van de huishoudelijke uitgaven in Europa (2,0%).

Vergelijking met buren. De huishoudelijke uitgaven van San Marino was minder dan in Italië (US$1,0 biljoen). De huishoudelijke uitgaven per hoofd in San Marino was groter dan in Italië (US$18,0 duizend). De groei van de huishoudelijke uitgaven in San Marino was minder dan in Italië (0,61%).

Vergelijking met leiders. De huishoudelijke uitgaven van San Marino was minder dan in de Verenigde Staten (US$8,5 biljoen), in Japan (US$2,6 biljoen), in Duitsland (US$1,5 biljoen), in het Verenigd Koninkrijk (US$1,5 biljoen) en in Frankrijk (US$1,1 biljoen). De huishoudelijke uitgaven per hoofd in San Marino was groter dan in Japan (US$20,4 duizend), in Duitsland (US$18,9 duizend) en in Frankrijk (US$18,1 duizend); maar minder dan in de Verenigde Staten (US$28,8 duizend) en in het Verenigd Koninkrijk (US$25,0 duizend). De groei van de huishoudelijke uitgaven in San Marino was minder dan in de Verenigde Staten (2,4%), in het Verenigd Koninkrijk (2,1%), in Frankrijk (2,0%), in Japan (0,81%) en in Duitsland (0,46%).

de jaren 2010

De huishoudelijke uitgaven van San Marino bedroeg in de jaren 2010 US$649,0 miljoen per jaar, stond op de 192e plaats in de wereld, en was vergelijkbaar met de Salomonseilanden (US$636,5 miljoen). Het aandeel in de wereld was 0,0015%, en 0,0056% in Europa.

Het aandeel van de huishoudelijke uitgaven in het BBP van San Marino was 37,4% in de jaren 2010, stond op de 192e plaats in de wereld, en was vergelijkbaar met China (37,4%), Algerije (37,7%).

De huishoudelijke uitgaven per hoofd in San Marino was $19.751,4 in de jaren 2010s, stond op de 30e plaats in de wereld, en was vergelijkbaar met de Bahama's (US$19,4 duizend), Groenland (US$19,3 duizend). De huishoudelijke uitgaven per hoofd in San Marino was in 3,3 keer hoger dan de huishoudelijke uitgaven per hoofd van de bevolking in de wereld ($6.018,5), en was 26,5% hoger dan de huishoudelijke uitgaven per hoofd van de bevolking in Europa ($6.018,5).

De groei van de huishoudelijke uitgaven in San Marino bedroeg -2.7% in de jaren 2010, stond op de 205e plaats in de wereld. De groei van de huishoudelijke uitgaven in San Marino (-2,7%) was minder dan de groei van de huishoudelijke uitgaven in de wereld (2,8%), was minder dan de groei van de huishoudelijke uitgaven in Europa (1,3%).

Vergelijking met buren. De huishoudelijke uitgaven van San Marino was 1.922,7 keer minder dan in Italië (US$1,2 biljoen). De huishoudelijke uitgaven per hoofd in San Marino was 4,6% minder dan in Italië (US$20,7 duizend). De groei van de huishoudelijke uitgaven in San Marino was minder dan in Italië (0,099%).

Vergelijking met leiders. De huishoudelijke uitgaven van San Marino was 18.785,5 keer minder dan in de Verenigde Staten (US$12,2 biljoen), 6.054,5 keer minder dan in China (US$3,9 biljoen), 4.602,9 keer minder dan in Japan (US$3,0 biljoen), 3.017,5 keer minder dan in Duitsland (US$2,0 biljoen) en 2.745,6 keer minder dan in het Verenigd Koninkrijk (US$1,8 biljoen). De huishoudelijke uitgaven per hoofd in San Marino was 7,0 keer groter dan in China (US$2,8 duizend); maar 48,2% minder dan in de Verenigde Staten (US$38,2 duizend), 27,3% minder dan in het Verenigd Koninkrijk (US$27,2 duizend), 17,4% minder dan in Duitsland (US$23,9 duizend) en 15,4% minder dan in Japan (US$23,4 duizend). De groei van de huishoudelijke uitgaven in San Marino was minder dan in China (8,3%), in de Verenigde Staten (2,4%), in het Verenigd Koninkrijk (1,8%), in Duitsland (1,4%) en in Japan (0,64%).

Part V. Reproductie

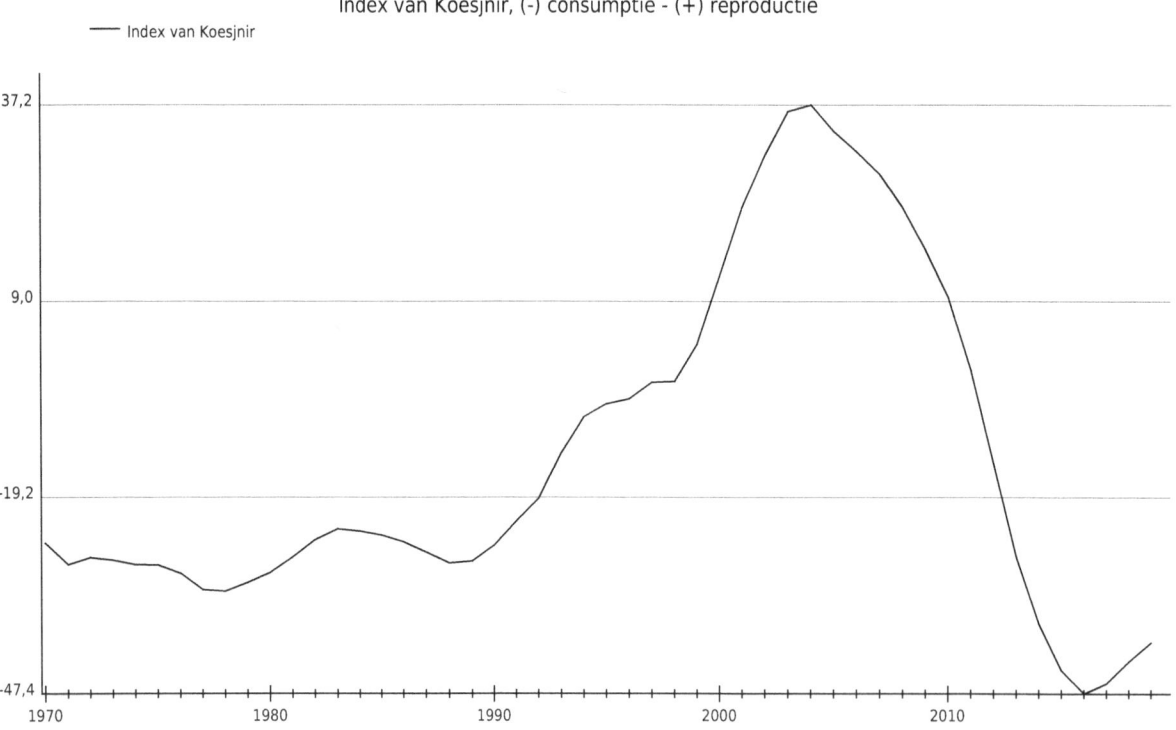

Index van Koesjnir, (-) consumptie - (+) reproductie

Hoofdstuk XIV. Bruto-investeringen in vaste activa

De bruto-investeringen in vaste activa van San Marino steeg van US$38,5 miljoen per jaar in de jaren 1970 tot US$356,4 miljoen per jaar in de jaren 2010, dat wil zeggen met US$317,9 miljoen of 9,2 keer. De verandering vond plaats op US$282,6 miljoen als gevolg van een 4,8-voudige stijging van de prijzen, en ook op US$10,3 miljoen als gevolg van een 1,2-voudige toename van het tarief per hoofd , evenals op US$24,9 miljoen als gevolg van de toename van de bevolking. De gemiddelde jaarlijkse groei van de investeringen in vaste activa is 1,7%. De minimumwaarde van de investeringen in vaste activa bedroeg US$20,3 miljoen in 1970. De maximumwaarde van de investeringen in vaste activa bedroeg US$836,1 miljoen in 2008.

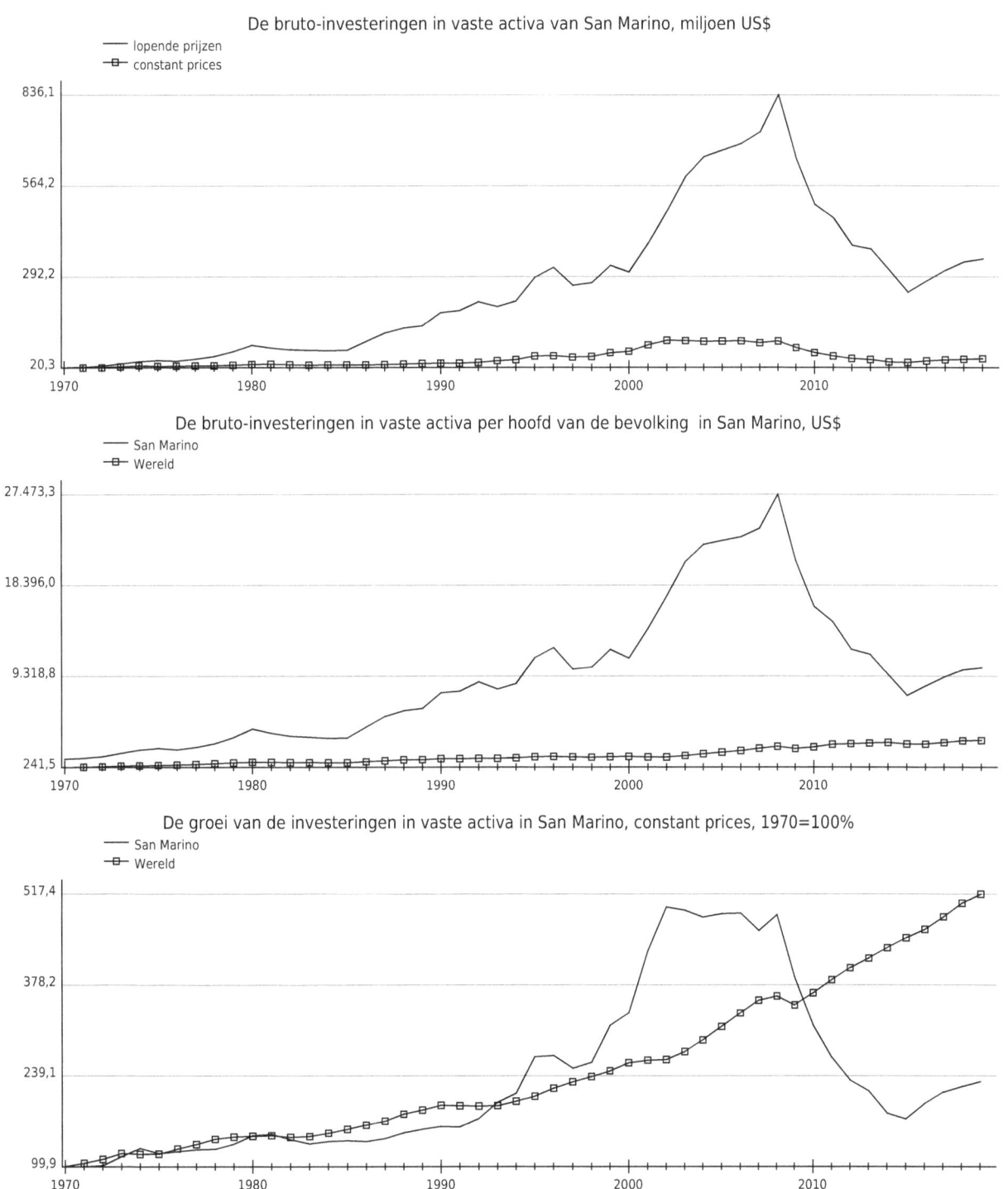

De bruto-investeringen in vaste activa van San Marino, miljoen US$

De bruto-investeringen in vaste activa per hoofd van de bevolking in San Marino, US$

De groei van de investeringen in vaste activa in San Marino, constant prices, 1970=100%

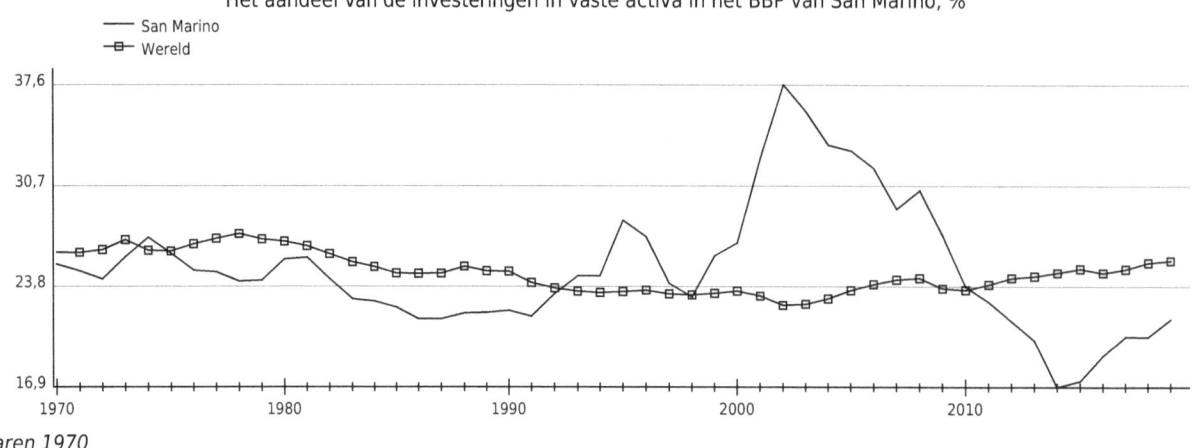

Het aandeel van de investeringen in vaste activa in het BBP van San Marino, %

de jaren 1970

De bruto-investeringen in vaste activa van San Marino bedroeg in de jaren 1970 US$38,5 miljoen per jaar, stond op de 153e plaats in de wereld. Het aandeel in de wereld was 0,0022%, en 0,0052% in Europa.

Het aandeel van de investeringen in vaste activa in het BBP van San Marino was 25,0% in de jaren 1970, stond op de 76e plaats in de wereld, en was vergelijkbaar met Italië (25,1%), Spanje (25,1%), Andorra (25,1%).

De bruto-investeringen in vaste activa per hoofd in San Marino was $1.931,9 in de jaren 1970s, stond op de 11e plaats in de wereld, en was vergelijkbaar met Australië (US$1.923,9), Bahrein (US$1.912,4). De investeringen in vaste activa per hoofd in San Marino was in 4,5 keer hoger dan de investeringen in vaste activa per hoofd van de bevolking in de wereld ($433,5), en was 89,8% hoger dan de investeringen in vaste activa per hoofd van de bevolking in Europa ($433,5).

De groei van de investeringen in vaste activa in San Marino bedroeg 3.3% in de jaren 1970, stond op de 126e plaats in de wereld. De groei van de investeringen in vaste activa in San Marino (3,3%) was minder dan de groei van de investeringen in vaste activa in de wereld (4,2%), was groter dan de groei van de investeringen in vaste activa in Europa (2,4%).

Vergelijking met buren. De bruto-investeringen in vaste activa van San Marino was minder dan in Italië (US$54,6 miljard). De bruto-investeringen in vaste activa per hoofd in San Marino was groter dan in Italië (US$993,3). De groei van de investeringen in vaste activa in San Marino was groter dan in Italië (2,2%).

Vergelijking met leiders. De investeringen in vaste activa van San Marino was minder dan in de Verenigde Staten (US$381,9 miljard), in de Sovjet-Unie (US$214,6 miljard), in Japan (US$191,6 miljard), in Duitsland (US$125,8 miljard) en in Frankrijk (US$82,9 miljard). De bruto-investeringen in vaste activa per hoofd in San Marino was groter dan in de Verenigde Staten (US$1.750,0), in Japan (US$1.720,7), in Duitsland (US$1.597,2), in Frankrijk (US$1.545,4) en in de Sovjet-Unie (US$850,9). De groei van de investeringen in vaste activa in San Marino was groter dan in de Sovjet-Unie (3,2%), in Frankrijk (2,7%) en in Duitsland (1,5%); maar minder dan in de Verenigde Staten (4,4%) en in Japan (3,9%).

de jaren 1980

De investeringen in vaste activa van San Marino bedroeg in de jaren 1980 US$95,7 miljoen per jaar, stond op de 153e plaats in de wereld. Het aandeel in de wereld was 0,0025%, en 0,0071% in Europa.

Het aandeel van de investeringen in vaste activa in het BBP van San Marino was 22,8% in de jaren 1980, stond op de 78e plaats in de wereld, en was vergelijkbaar met Andorra (22,7%), Spanje (22,7%), Dominica (22,7%).

De investeringen in vaste activa per hoofd in San Marino was $4.221,1 in de jaren 1980s, stond op de 9e plaats in de wereld, en was vergelijkbaar met Frans-Polynesië (US$4,2 duizend), de Kaaimaneilanden (US$4,1 duizend). De bruto-investeringen in vaste activa per hoofd in San Marino was in 5,3 keer hoger dan de investeringen in vaste activa per hoofd van de bevolking in de wereld ($790,9), en was in 2,4 keer hoger dan de investeringen in vaste activa per hoofd van de bevolking in Europa ($790,9).

De groei van de investeringen in vaste activa in San Marino bedroeg 1.6% in de jaren 1980, stond op de 110e plaats in de wereld, en was vergelijkbaar met Samoa (1,6%). De groei van de investeringen in vaste activa in San Marino (1,6%) was minder dan de groei van de investeringen in vaste activa in de wereld (2,5%), was minder dan de groei van de investeringen in vaste activa in Europa (2,2%).

Vergelijking met buren. De investeringen in vaste activa van San Marino was minder dan in Italië (US$135,7 miljard). De investeringen in vaste activa per hoofd in San Marino was groter dan in Italië (US$2,4 duizend). De groei van de investeringen in vaste activa in San Marino was minder dan in Italië (2,4%).

Vergelijking met leiders. De investeringen in vaste activa van San Marino was minder dan in de Verenigde Staten (US$958,4 miljard), in Japan (US$571,7 miljard), in de Sovjet-Unie (US$271,0 miljard), in Duitsland (US$238,1 miljard) en in Frankrijk (US$164,3 miljard). De bruto-investeringen in vaste activa per hoofd in San Marino was groter dan in de Verenigde Staten (US$4,0 duizend), in Duitsland (US$3,1 duizend), in Frankrijk (US$2,9 duizend) en in de Sovjet-Unie (US$984,8); maar minder dan in Japan (US$4,7 duizend). De groei van de investeringen in vaste activa in San Marino was groter dan in Duitsland (1,4%); maar minder dan in Japan (4,8%), in de Verenigde Staten (3,1%), in Frankrijk (2,4%) en in de Sovjet-Unie (1,7%).

de jaren 1990

De investeringen in vaste activa van San Marino bedroeg in de jaren 1990 US$248,6 miljoen per jaar, stond op de 162e plaats in de wereld, en was vergelijkbaar met Somalië (US$248,5 miljoen), de Kaaimaneilanden (US$249,4 miljoen), Suriname (US$249,9 miljoen). Het aandeel in de wereld was 0,0037%, en 0,012% in Europa.

Het aandeel van de investeringen in vaste activa in het BBP van San Marino was 24,6% in de jaren 1990, stond op de 66e plaats in de wereld, en was vergelijkbaar met Zuid-Azië (24,6%), de Filipijnen (24,6%), Australië (24,6%).

De investeringen in vaste activa per hoofd in San Marino was $9.677,4 in de jaren 1990s, stond op de 6e plaats in de wereld. De investeringen in vaste activa per hoofd in San Marino was in 8,2 keer hoger dan de investeringen in vaste activa per hoofd van de bevolking in de wereld ($1.183,8), en was in 3,3 keer hoger dan de investeringen in vaste activa per hoofd van de bevolking in Europa ($1.183,8).

De groei van de investeringen in vaste activa in San Marino bedroeg 7.2% in de jaren 1990, stond op de 37e plaats in de wereld, en was vergelijkbaar met Uruguay (7,2%). De groei van de investeringen in vaste activa in San Marino (7,2%) was groter dan de groei van de investeringen in vaste activa in de wereld (2,8%), was groter dan de groei van de investeringen in vaste activa in Europa (0,024%).

Vergelijking met buren. De investeringen in vaste activa van San Marino was minder dan in Italië (US$243,3 miljard). De investeringen in vaste activa per hoofd in San Marino was groter dan in Italië (US$4,3 duizend). De groei van de investeringen in vaste activa in San Marino was groter dan in Italië (1,2%).

Vergelijking met leiders. De bruto-investeringen in vaste activa van San Marino was minder dan in de Verenigde Staten (US$1,6 biljoen), in Japan (US$1,3 biljoen), in Duitsland (US$520,7 miljard), in Frankrijk (US$299,3 miljard) en in het Verenigd Koninkrijk (US$250,0 miljard). De investeringen in vaste activa per hoofd in San Marino was groter dan in Duitsland (US$6,5 duizend), in de Verenigde Staten (US$6,1 duizend), in Frankrijk (US$5,0 duizend) en in het Verenigd Koninkrijk (US$4,3 duizend); maar minder dan in Japan (US$10,4 duizend). De groei van de investeringen in vaste activa in San Marino was groter dan in de Verenigde Staten (4,8%), in Duitsland (2,4%), in het Verenigd Koninkrijk (1,7%), in Frankrijk (1,5%) en in Japan (0,18%).

de jaren 2000

De investeringen in vaste activa van San Marino bedroeg in de jaren 2000 US$599,4 miljoen per jaar, stond op de 160e plaats in de wereld, en was vergelijkbaar met Malawi (US$587,7 miljoen), Kirgizië (US$612,0 miljoen). Het aandeel in de wereld was 0,0055%, en 0,018% in Europa.

Het aandeel van de investeringen in vaste activa in het BBP van San Marino was 31,5% in de jaren 2000, stond op de 25e plaats in de wereld, en was vergelijkbaar met Estland (31,4%).

De investeringen in vaste activa per hoofd in San Marino was $20.576,0 in de jaren 2000s, stond op de 3e plaats in de wereld. De bruto-investeringen in vaste activa per hoofd in San Marino was in 12,2 keer hoger dan de investeringen in vaste activa per hoofd van de bevolking in de wereld ($1.690,7), en was in 4,5 keer hoger dan de investeringen in vaste activa per hoofd van de bevolking in Europa ($1.690,7).

De groei van de investeringen in vaste activa in San Marino bedroeg 2.1% in de jaren 2000, stond op de 144e plaats in de wereld. De groei van de investeringen in vaste activa in San Marino (2,1%) was minder dan de groei van de investeringen in vaste activa in de wereld (3,5%), was groter dan de groei van de investeringen in vaste activa in Europa (1,6%).

Vergelijking met buren. De bruto-investeringen in vaste activa van San Marino was minder dan in Italië (US$371,8 miljard). De investeringen in vaste activa per hoofd in San Marino was groter dan in Italië (US$6,4 duizend). De groei van de investeringen in vaste activa in San Marino was groter dan in Italië (0,59%).

Vergelijking met leiders. De bruto-investeringen in vaste activa van San Marino was minder dan in de Verenigde Staten (US$2,8 biljoen), in Japan (US$1,2 biljoen), in China (US$1,0 biljoen), in Duitsland (US$557,7 miljard) en in Frankrijk (US$463,9 miljard). De investeringen in vaste activa per hoofd in San Marino was groter dan in de Verenigde Staten (US$9,4 duizend), in Japan (US$9,0 duizend), in Frankrijk (US$7,4 duizend), in Duitsland (US$6,9 duizend) en in China (US$782,2). De groei van de investeringen in vaste activa in San Marino was groter dan in Frankrijk (1,6%), in de Verenigde Staten (0,43%), in Duitsland (-0,56%) en in Japan (-2,0%); maar minder dan in China (13,4%).

de jaren 2010

De bruto-investeringen in vaste activa van San Marino bedroeg in de jaren 2010 US$356,4 miljoen per jaar, stond op de 183e plaats in de wereld. Het aandeel in de wereld was 0,0019%, en 0,0083% in Europa.

Het aandeel van de investeringen in vaste activa in het BBP van San Marino was 20,5% in de jaren 2010, stond op de 134e plaats in de wereld, en was vergelijkbaar met Europa (20,5%), Duitsland (20,6%), de Verenigde Arabische Emiraten (20,4%).

De bruto-investeringen in vaste activa per hoofd in San Marino was $10.847,5 in de jaren 2010s, stond op de 21e plaats in de wereld, en was vergelijkbaar met Finland (US$10,8 duizend), IJsland (US$10,8 duizend). De investeringen in vaste activa per hoofd in San Marino was in 4,1 keer hoger dan de investeringen in vaste activa per hoofd van de bevolking in de wereld ($2.621,1), en was 87,8% hoger dan de investeringen in vaste activa per hoofd van de bevolking in Europa ($2.621,1).

De groei van de investeringen in vaste activa in San Marino bedroeg -5.2% in de jaren 2010, stond op de 202e plaats in de wereld. De groei van de investeringen in vaste activa in San Marino (-5,2%) was minder dan de groei van de investeringen in vaste activa in de wereld (4,1%), was minder dan de groei van de investeringen in vaste activa in Europa (2,2%).

Vergelijking met buren. De investeringen in vaste activa van San Marino was 1.044,4 keer minder dan in Italië (US$372,2 miljard). De investeringen in vaste activa per hoofd in San Marino was 75,6% groter dan in Italië (US$6,2 duizend). De groei van de investeringen in vaste activa in San Marino was minder dan in Italië (-0,72%).

Vergelijking met leiders. De bruto-investeringen in vaste activa van San Marino was 12.688,5 keer minder dan in China (US$4,5 biljoen), 10.097,1 keer minder dan in de Verenigde Staten (US$3,6 biljoen), 3.395,3 keer minder dan in Japan (US$1,2 biljoen), 2.111,2 keer minder dan in Duitsland (US$752,5 miljard) en 1.954,8 keer minder dan in India (US$696,8 miljard). De investeringen in vaste activa per hoofd in San Marino was 14,7% groter dan in Japan (US$9,5 duizend), 18,0% groter dan in Duitsland (US$9,2 duizend), 3,4 keer groter dan in China (US$3,2 duizend) en 20,3 keer groter dan in India (US$535,2); maar 3,7% minder dan in de Verenigde Staten (US$11,3 duizend). De groei van de investeringen in vaste activa in San Marino was minder dan in China (8,0%), in India (5,8%), in de Verenigde Staten (3,8%), in Duitsland (2,8%) en in Japan (1,8%).

www.ingramcontent.com/pod-product-compliance
Lightning Source LLC
Chambersburg PA
CBHW080900220526
45467CB00008B/2573